LECCIONES PARA SANAR TU VIDA

Sanación Cristiana - La Ciencia del Ser

CHARLES FILLMORE

Traducción de
Marcela Allen Herrera

WISDOM COLLECTION

PUBLISHING HOUSE

Wisdom Collection LLC
McKinney, Texas/75070
www.wisdomcollection.com

Lecciones para Sanar tu Vida – Edición Revisada.

ISBN: 978-1-63934-059-0

CONTENIDOS

PREFACIO i

EL VERDADERO CARÁCTER DEL SER 1

LA IDEA PERFECTA DEL SER 13

MANIFESTACIÓN 26

EL PODER FORMATIVO DEL PENSAMIENTO 37

CÓMO CONTROLAR EL PENSAMIENTO 48

LA PALABRA 60

ESPIRITUALIDAD; O ALABANZA Y ORACIÓN 72

LA FE 85

LA IMAGINACIÓN 96

VOLUNTAD Y ENTENDIMIENTO 108

JUICIO Y JUSTICIA 120

EL AMOR 132

ANEXO: TRATAMIENTO ESPIRITUAL 147

PREFACIO

Estas no son simplemente lecturas; son más bien lecciones. No deben simplemente leerse; deben estudiarse y aplicarse como se estudian y aplican las reglas matemáticas.

Cuando se hace una sugerencia de "mantener un pensamiento" o afirmar o negar una determinada proposición, el estudiante debe dejar de leer y hacer lo que se le pide, tanto audible como mentalmente. Esto establecerá nuevas corrientes de pensamiento en la mente y en el cuerpo, y abrirá el camino para la iluminación espiritual que seguirá a todos los que sean fieles a estas instrucciones.

Las afirmaciones que siguen a cada lección deben utilizarse para la disciplina mental. Escribe estas afirmaciones y aplícalas diariamente mientras estudias la lección correspondiente.

Cualquier persona que utilice las sencillas reglas de negaciones y afirmaciones expuestas aquí puede realizar una sanación mental. Si deseas sanar a otro, mantenlo en tu mente y repite mentalmente las negaciones y afirmaciones; esto elevará la conciencia a la realidad espiritual, donde se origina todo el poder curativo. Si deseas sanarte a ti mismo, háblale a tu mente y a tu cuerpo como lo harías con un paciente.

EL VERDADERO CARÁCTER DEL SER

"Hay un espíritu en el ser humano, y la inspiración
del Todopoderoso le da entendimiento"

La ciencia que aquí se expone se basa en el Espíritu.
No se ajusta a las normas intelectuales, pero es, sin
embargo, científica. Los hechos del Espíritu son de
carácter espiritual y, cuando se comprenden en su
relación correcta, son ordenados. El orden es ley, y es la
prueba de la verdadera ciencia.

Las verdades del Espíritu son más científicas que las
opiniones constantemente cambiantes de los estándares
intelectuales. La única ciencia verdadera es la ciencia del
Espíritu. Nunca cambia. Es universalmente aceptada por
todos los que están en el Espíritu, pero es necesario estar
"en el Espíritu" antes de que pueda ser comprendida. La
mente del Espíritu debe activarse en aquellos que quieran
comprender la ordenada ciencia del Ser que proclaman
estas lecciones.

No es absolutamente necesario que la parte espiritual de la naturaleza del individuo esté activa al comienzo de su estudio de esta ciencia. El objetivo principal de las lecciones es avivar el reino espiritual de la conciencia y traer la "inspiración del Todopoderoso" que da entendimiento.

Por lo tanto, que se entienda que estamos enseñando la ciencia del Espíritu, y que aquellos que sean receptivos serán inspirados a la conciencia espiritual. Esta inspiración del Espíritu, no es algo difícil de lograr. Todos somos inspirados por el Espíritu en ciertos estados de conciencia. La comprensión de las leyes que rigen el reino del Espíritu hará posible alcanzar esta conciencia y recibir esta inspiración cuando se cumplan los requisitos.

El punto de partida en la realización espiritual es una correcta comprensión de aquel designado como Todopoderoso. Es estrictamente lógico y científico asumir que el ser humano procede de este Uno, al que se nombra de diversas maneras, pero que, todos coinciden, es el origen de todo.

Ya que el ser humano es el descendiente del Todopoderoso, debe tener el carácter de su padre. Si el niño terrenal se parece a sus padres, cuanto más debe parecerse el hijo celestial.

La verdad de que Dios es el Padre del ser humano elimina la tan proclamada presunción de que es imposible que lo finito comprenda lo infinito. Dios debe estar en su universo, como poder inteligente, en todas partes o se caería a pedazos. Dios está en el universo como su constante inspiración; por lo tanto, solo es necesario encontrar el punto de contacto para comprender ese Uno en quien todos "vivimos, nos movemos y tenemos nuestro ser".

La lógica es un componente fundamental del ser humano, todas las mentes aceptan declaraciones de secuencia lógica. Todos vemos mentalmente la relación y la unidad de causa y efecto, pero como el reino de las formas no cumple nuestra premisa, nos alejamos de la verdadera norma y tratamos de convencernos de que nuestra lógica es, de alguna manera, defectuosa. Lo único importante que el estudiante de la ciencia espiritual debe aprender es a confiar en la lógica de la mente. Si las apariencias no están en armonía con tu premisa mental, no dejes que derriben tu lógica.

"Juzga, no según las apariencias, sino juzga con juicio justo".

No tomarías las mezcladas cifras de un niño que resuelve un problema de matemáticas como ejemplo de la veracidad del principio; ni podrías detectar el error en el problema, a menos que estuvieras algo familiarizado con las reglas de las matemáticas.

Las proposiciones mentales son las normas y los principios que rigen todas las ciencias utilizadas por el individuo. En la ciencia de la creación rige la misma regla. Puedes estar seguro de que los principios que percibes mentalmente como verdaderos de Dios, son inviolables, y si parece haber error en su funcionamiento, se debe a una mala aplicación por parte del demostrador. Al mantener el principio e insistir en su precisión, abres el camino hacia una comprensión más completa del mismo, también se te mostrará la causa de los errores en la demostración.

Entonces, si has estado mentalmente confundido en la contemplación de un mundo bueno y malo a la vez, y como consecuencia, has caído en el escepticismo, el único remedio verdadero es permanecer junto a la razón pura de tu percepción espiritual, y dejar que te aclare la proposición. Desecha todos los prejuicios basados en la percepción mixta; haz que tu mente sea receptiva a la comprensión más clara que seguramente aparecerá cuando te hayas puesto de parte del Espíritu, cuando busques solo en él la solución del problema.

Esto no es una creencia ciega, es una aquiescencia en la superconsciencia de la lógica del Ser. El superconsciente es la única guía segura en los laberintos de los procesos creativos. Confiando en la infalibilidad de esta guía, uno se abre a la inspiración del Todopoderoso. La espiritualidad puede ser cultivada y las profundas cosas de Dios pueden ser reveladas a cualquiera que mentalmente proclame y afirme la percepción lógica de la bondad y la verdad del Ser.

La proposición central en la inspiración del Espíritu es que Dios, o la Primera Causa, es bueno. No importa mucho el nombre que se dé a esta Primera Causa; lo importante es tener un concepto correcto de su carácter. El hindú lo llama Brahma, un ser de proporciones tan grandiosas que el ser humano se reduce a la nada al contemplarlo. Aunque esta grandeza del Ser absoluto es verdadera, existe también, desde otro punto de vista, la pequeñez de ese mismo Ser, como lo demuestra la presencia de su vida en las creaciones más insignificantes. Por lo tanto, para llegar al corazón mismo del Ser, es necesario darse cuenta de que se manifiesta tanto en lo más pequeño como en lo más grande, y que en la creación de un universo, no se podría eliminar ni una sola idea sin desequilibrar el conjunto. Esto nos lleva a una comprensión más completa de nuestra importancia en el universo, y a la necesidad de encontrar nuestro lugar correcto. También nos pone en estrecho contacto con el Padre de todo, la única Inteligencia omnipresente que lo impregna todo.

El Padre dentro de ti, tan amorosa y familiarmente revelado por Jesús, no está en un lugar distante llamado "paraíso". Su morada está en los reinos espirituales que subyacen a todas las fuerzas creativas. Como Jesús comprendió y enseñó: "el reino de Dios está dentro de ti". El espíritu es el centro del poder; su morada está en el lado invisible de la naturaleza humana.

Esta revelación de Dios inmanente en el universo fue claramente expuesta por Pablo: "Sobre todos, por todos, y en todos". Los inspirados ministros de todos los tiempos han proclamado lo mismo.

El Poder que crea y sostiene el universo, incluye la creación y el sostenimiento del individuo. El deseo de una comprensión más completa de este poder ha despertado una gran investigación sobre el carácter de Aquel que lo impregna todo. En todas partes las personas se esfuerzan por conocer a Dios, por establecer relaciones armoniosas con él. Algunos lo consiguen, mientras que otros parecen progresar poco. La diversidad de resultados obtenidos se debe a las diversas maneras de acercarse a la Mente única, pues tal es Dios. La mente es la clave de toda la situación y cuando el individuo discierne claramente la ciencia de la mente, resolverá fácilmente todos los misterios de la creación.

Las definiciones del diccionario sobre espíritu y mente son casi idénticas; y con esta analogía entramos mucho más fácilmente en contacto con Dios. Si espíritu y mente son sinónimos, fácilmente percibimos que no hay gran misterio sobre las cosas espirituales, ni están muy alejadas de nuestros pensamientos y experiencias diarias.

"Ustedes son el templo de Dios, y el Espíritu de Dios habita en ustedes", simplemente significa que Dios habita en nosotros como nuestra mente habita en nuestro cuerpo. Así vemos que Dios crea y mueve la creación a través del poder de la mente. Los vehículos de la mente son los pensamientos y es a través de nuestra mente, en la acción del pensamiento, que encontraremos a Dios y haremos su voluntad.

Existen leyes mentales que los investigadores están descubriendo, observando y tabulando, como nunca antes en la historia del mundo. El ser humano tiene la capacidad suficiente como para ver los diversos factores que intervienen en los procesos creativos de la mente y, mediante el estudio de las leyes mentales, percibe y acepta la ciencia en ideas, pensamientos y palabras. Pero los investigadores de la naturaleza y de sus leyes, desde el punto de vista intelectual y físico, no alcanzan una comprensión completa, porque no logran rastrear hasta la

Mente Causante los multitudinarios símbolos que componen el universo visible. Las formas materiales que vemos a nuestro alrededor son las marcas de tiza de un poderoso problema que está siendo resuelto por la Mente única. Para comprender ese problema y vislumbrar ligeramente su significado, debemos captar las ideas que representan las marcas de tiza. Esto es lo que significa estudiar la Mente detrás de la naturaleza. El ser humano es mente y es capaz de comprender el plan y las detalladas ideas de la Mente suprema.

Las ideas divinas son la herencia del individuo; están impregnadas con toda posibilidad, porque las ideas son el fundamento y la causa de todo lo que la persona desea. Con esta comprensión como fundamente, fácilmente percibimos cómo "todo lo mío es tuyo". Todas las ideas contenidas en la única Mente-Padre están a la orden mental de sus descendientes. Traspasa el objeto, hacia el reino mental, donde existe como una idea inagotable, y puedes recurrir a ella perpetuamente sin agotar nunca la fuente.

Con esta comprensión de la potencialidad de la Primera Causa, nos resulta sencillo resolver el problema de la vida, siendo la clave de la situación las ideas. Por lo tanto, la vida en su expresión es actividad; en el Ser es una idea de actividad. Para hacer que la vida aparezca en el plano visible, tenemos que abrir nuestra mente y nuestros pensamientos a la Idea Divina de vida y actividad y ¡he aquí!, toda visibilidad nos obedece. Es a través de esta comprensión y de su cultivo en diversos grados, que las personas han adquirido la capacidad de resucitar a los muertos. Jesús comprendió este reino de ideas supremas, o, como él lo llamó, "el reino de Dios dentro". Cuando resucitó a Lázaro, él invocó este poder. Cuando Marta habló de una resurrección futura, él dijo: "Yo Soy la resurrección y la vida; el que cree en mí, aunque muera, vivirá". El que identifica toda su mente con la Mente omnipresente se une tanto a ella que puede superar la muerte.

Lo real del universo se mantiene en la mente del Ser como ideas de vida, amor, sustancia, inteligencia, verdad, etc. Estas ideas se pueden combinar de muchas maneras, produciendo una variedad infinita en el reino de las formas. Existe una combinación correcta que constituye el Orden Divino, el reino de los cielos en la tierra. Esta relación correcta de las ideas y la ciencia del pensamiento correcto, es el cristianismo práctico.

El estudiante de la ciencia del Ser debe comenzar todas sus investigaciones y procesos mentales desde este fundamento de la Mente Única. Si eres escéptico acerca de la existencia de Dios, o si eres un creyente abstracto, sin haber tenido ninguna experiencia o despertar mental consciente que te haya dado pruebas, debes ser muy diligente en la oración, la afirmación y la invocación. Recuerda, Dios no es un rey que puede forzar su presencia sobre ti, quieras o no, sino una Mente omnipresente que infunde y penetra todas las cosas.

Hay bondad eterna y alegría más allá de toda expresión, cuando hay una unión perfecta entre tu mente y esta Mente perfecta. El punto de contacto es una voluntad y una búsqueda por tu parte. "Busca y encontrarás; llama y se te abrirá".

Naturalmente, surge la siguiente pregunta: Si somos descendientes de esta Mente Divina, ¿por qué no somos naturalmente conscientes de su presencia? La respuesta es que al utilizar el privilegio de nuestra herencia, el poder de hacer visibles las ideas como cosas, hemos creado un reino que nos separa en conciencia de la Mente-Padre. Esta es la enseñanza de Jesús en la parábola del hijo pródigo. Cuando estamos cansados de la conciencia sensorial, solo tenemos que volver el rostro (la inteligencia) hacia la casa de nuestro Padre; allí nos encontraremos con una amorosa bienvenida.

La comprensión de que Dios no está en un cielo distante, ni localizado geográficamente de ninguna manera, nos da un sentimiento de cercanía y unidad con la Mente paterna. Esta intercomunión de la conciencia del individuo con la omnipresente fuerza espiritual del universo, fue bellamente ejemplificada por Jesús. Dios estaba más cerca de él que sus manos o pies. Él refería todas las cosas a este Padre amoroso, que estaba en constante comunión y cooperación con el Hijo; sin embargo, había, incluso en su caso, esta conciencia personal independiente que lo acosaba cuando buscaba liberarse de las limitaciones mortales. Así pues, no debemos desanimarnos ni abatirnos, si no encontramos rápidamente el reino de Dios dentro de nosotros. Jesús pasaba noches enteras en oración; nosotros no debemos cansarnos con unos pocos momentos cada día. Una media hora diaria de meditación abrirá la mente a una conciencia del Uno interno y revelará muchas cosas que están ocultas al ser natural.

El hecho es que la verdad no puede ser impartida, debe ser experimentada individualmente. La presencia de la Mente Divina en el alma no puede ser expresada en palabras; se puede dar un indicio y mencionarse en parábolas, y comparada con esto y con aquello, pero nunca puede ser descrita tal como es. La capacidad de la mente individual para combinar las ideas de la Mente Divina en una conciencia propia, hace que cada uno de nosotros sea el "hijo unigénito", una creación particular y especial. No hay dos personas en todo el universo que sean exactamente iguales, porque siempre hay diversidad en las ideas apropiadas de la Mente Divina.

Entonces, la verdad es:

Que Dios es Principio, Ley, Ser, Mente, Espíritu, Todo-Bien, Omnipotente, Omnisciente, Omnipresente, Inmutable, Creador, Padre, Causa y Fuente de todo lo que es.

Que Dios está individualmente formado en conciencia en cada uno de nosotros, y es conocido por nosotros como "Padre", cuando lo reconocemos dentro de nosotros como nuestro creador, como nuestra mente, como nuestra vida, como nuestro propio ser.

Que la mente tiene ideas; las ideas tienen expresión. Toda manifestación en nuestro mundo es el resultado de las ideas que sostenemos en la mente y que son expresadas.

Que para producir o manifestar la armonía de la Mente Divina, o el "reino de los cielos", todas nuestras ideas deben ser una con las Ideas Divinas, y deben expresarse en el Orden Divino de la Mente Divina.

Declaraciones para la Realización de la Mente Divina

(Para ser utilizadas en conexión con la lección 1)

Hay una Presencia, una Inteligencia, una Sustancia, una Vida: el Bien omnipotente.

Dios es el nombre del Principio omnipresente, en el que vivo, me muevo y tengo mi ser.

Dios es el nombre de mi Bien.

Dios todopoderoso, en todos, a través de todos, y sobre todos.

Tu nombre es Espíritu. Yo te conozco como la Única Mente que todo lo ve.

Padre nuestro que estás en el cielo, la armonía interna presente en todas partes. Santificado sea tu nombre, la totalidad manifiesta tu carácter.

Tú estás siempre conmigo como la sabiduría y el amor que habitan en mí.

Tu ley es ahora la norma de mi vida, y yo estoy en paz.

Yo en ti y Tú en mí.

Nunca estás ausente de mí, ahora te veo cara a cara.

Yo pienso tus pensamientos en pos de ti.

Yo habito en ti y comparto tu omnipotencia.

En ti está mi perfección.

LA IDEA PERFECTA DEL SER

El fundamento de nuestra ciencia es el Espíritu, y debe haber una verdad espiritual. Esta verdad espiritual es Dios pensando la creación. Dios es la Mente original en la que existen todas las ideas reales. La única Mente original crea por el pensamiento. Esto se afirma en el primer capítulo de Juan:

"En el principio era la Palabra (Logos— Pensamiento-Palabra), y la palabra estaba con Dios, y la Palabra era Dios".
"Este era en el principio con Dios".
"Todas las cosas fueron hechas a través de él; y sin él nada de lo que ha sido hecho, fue hecho".

La Enciclopedia Bíblica de Eadie dice: "El término Logos significa pensamiento expresado, ya sea como una idea en la mente o como el habla vocal". La comprensión del Logos nos revela la ley bajo la cual todas las cosas son creadas: la ley de la acción de la mente. La creación tiene lugar mediante la operación del Logos. Dios está pensando el universo en la manifestación en este momento. Ni siquiera él puede crear sin ley. La ley de la Creación Divina es el orden y la armonía del pensamiento perfecto.

La Mente-Dios expresa sus pensamientos tan perfectamente que no hay ocasión para cambio, de ahí que todas las oraciones y súplicas para cambiar la voluntad de Dios, conforme a los deseos humanos, son inútiles. Dios no cambia de idea, ni modifica su pensamiento para satisfacer las opiniones contradictorias de la humanidad. Comprendiendo la perfección de los pensamientos de Dios, el individuo debe ajustarse a ellos; entonces, descubrirá que nunca hay necesidad de ningún cambio de la voluntad de Dios en los asuntos humanos.

La llave de la Mente-Dios está en cada uno, es la acción de la mente individual. El ser humano ha sido creado a "imagen y semejanza" de Dios; por lo tanto, es una fase de la Mente-Dios y su mente debe actuar como la mente original. Estudia tu propia mente y a través de ella encontrarás la Mente-Dios. De ninguna otra manera puedes obtener una comprensión completa de ti mismo, del universo y de la ley bajo la cual está siendo creado. Cuando veas al creador pensando en su universo, como el matemático piensa en su problema, comprenderás la necesidad del esfuerzo tan aparente que hace la naturaleza para expresarse. También comprenderás por qué el impulso dentro de tu alma por cosas más elevadas sigue brotando. La Mente-Dios está pensando en ti; está empujando tu mente a captar ideas verdaderas y llevarlas a la expresión.

Por lo tanto, es cierto, en lógica y en inspiración, que el ser humano y el universo están dentro de la Mente-Dios como pensamientos vivos y actuantes. La Mente-Dios se entrega a sus creaciones, y esas creaciones desarrollan una independencia que tiene el poder de cooperar con la voluntad original o de oponerse a ella. Entonces, es de vital importancia estudiar la mente y comprender sus leyes, porque el punto de partida de cada forma en el universo es una idea.

En algún momento todas las personas se preguntan: "¿Qué soy yo?". Dios-Entendimiento responde: "Espiritualmente, eres mi idea de mí mismo tal como me veo en el ideal; físicamente, eres la ley de mi mente ejecutando esa idea".

"Grande es el misterio de la piedad" —dijo Pablo. Poco aprendizaje es algo peligroso en el estudio del Ser. Separarse uno mismo del todo y luego intentar descubrir el gran misterio, es como diseccionar carne inanimada para encontrar las fuentes de la vida.

Si quieres conocer el misterio del Ser, mírate a ti mismo en el Ser. Conócete a ti mismo como una idea integral en la Mente Divina, y todas las demás ideas te reconocerán como su compañero de trabajo. Sácate a ti mismo de la Santísima Trinidad y te convertirás en un espectador. Ponte a ti mismo en la Trinidad y te convertirás en su vía de expresión. La Trinidad se conoce comúnmente como Padre, Hijo y Espíritu Santo; metafísicamente, se conoce como Mente, Idea, Expresión.

Los tres son Uno. Cada uno se ve a sí mismo como incluyendo los otros dos, sin embargo, separados en la creación. Jesús, el hombre, se colocó a sí mismo en la Divinidad, y dijo: "El que me ha visto a mí, ha visto al Padre". Pero reconociendo la supremacía del principio espiritual que estaba demostrando, dijo: "El Padre es más grande que yo".

Reducir la Trinidad a simples números le quita gran parte de su misterio. Cuando decimos que hay un Ser con tres actitudes mentales, hemos expuesto en términos sencillos todo lo que implica la intrincada doctrina teológica de la Trinidad. El sacerdocio siempre ha encontrado provechoso hacer complejo lo que es simple. Cuando la religión se convierte en una industria, tiene sus secretos comerciales, y parecen demasiado grandes para los no iniciados. La investigación moderna del carácter y la constitución de la mente está eliminando todos los misterios de los sistemas egipcios, hindúes, hebreos y muchos otros sistemas religiosos y místicos del pasado. Los defensores de estos sistemas están intentando perpetuar su supuesto conocimiento secreto a través de las sociedades ocultas que surgen por todas partes en nuestros días, pero tienen un éxito indiferente. El buscador moderno de la verdad se fía de muy poco. A menos que la persona que afirma tener conocimientos ocultos pueda demostrar su poder en el mundo de los asuntos, la gente desconfía de ella. El respeto religioso por el sacerdocio, tan prevaleciente en los países orientales, es inexistente en la mayoría de los pueblos occidentales. En la India, un hombre santo vestido de amarillo es mirado con reverencia tanto por adultos como por niños; mientras que en este país los adultos lo miran fijamente y los niños pequeños le tiran piedras, hasta que busca la protección de la policía. Esto parece irreverente, casi pagano, pero es la expresión de un repudio innato a todo lo que pretenda establecerse sobre cualquier otro fundamento que no sea el de la demostración práctica.

La mente de Dios es Espíritu, alma, cuerpo; es decir, mente, idea, expresión. La mente humana es espíritu, alma, cuerpo, no separada de la Mente-Dios, sino existiendo en ella y haciéndola manifiesta en una identidad peculiar del individuo. Cada persona está construyendo en su conciencia los tres departamentos de la Mente-Dios, y su éxito en el proceso es evidenciado por la armonía en su conciencia de espíritu, alma y cuerpo. Si es todo cuerpo, no es más que un tercio expresado. Si al cuerpo ha añadido alma, es dos tercios del ser humano, y si a estos dos le agrega espíritu, está en camino hacia el ser perfecto que Dios diseñó. El ser humano no tiene espíritu, alma ni cuerpo propios, solo tiene identidad. Él puede decir "Yo". Él usa Espíritu-Dios, Alma-Dios y Cuerpo-Dios, como su "yo" elige. Si los utiliza con la idea de que le pertenecen, desarrolla el egoísmo, lo que limita su capacidad y empequeñece su resultado.

En su relación correcta, la persona es la entrada y la salida de una vida, una sustancia y una inteligencia omnipresentes. Cuando su "yo" reconoce este hecho y se ajusta a las expresiones invisibles de la Mente única, la mente del individuo se vuelve armoniosa; su vida, vigorosa y perpetua; su cuerpo, saludable. Es imperativo que el individuo comprenda esta relación para poder crecer naturalmente. No solo debe entenderse como una proposición abstracta, sino que es necesario unir conscientemente nuestra vida con la vida de Dios, nuestra inteligencia con la inteligencia de Dios y nuestro cuerpo con el "cuerpo del Señor".

La identificación consciente debe prevalecer en todo el individuo, antes de que pueda estar en la relación correcta. Esto no solo implica el reconocimiento de la Inteligencia, Vida y Sustancia universales, sino también de sus diversas combinaciones en la conciencia de la persona. En el mundo individual, la perfecta expresión de estas combinaciones depende del reconocimiento y la lealtad del individuo a su origen, la Mente-Dios. El ser humano está en la Mente-Dios como una idea perfecta. La Mente-Dios constantemente está tratando de expresar en cada persona su idea perfecta, el ser verdadero y único.

La idea-humana perfecta en la mente de Dios es conocida bajo diversos nombres en los variados sistemas religiosos. El Krishna de los hindúes es el mismo que el Christos de los griegos, el mismo que el Mesías de los hebreos. Todas las grandes religiones del mundo se basan en la ciencia espiritual, pero no todos sus seguidores comprenden la totalidad de esa ciencia. Los sabios espirituales les habían dicho una y otra vez a los hebreos que en medio de ellos nacería un Mesías, o Cristo Hombre, pero cuando llegó, no lo reconocieron, debido a su falta de entendimiento. Solo entendían la letra de su religión. Una falta de comprensión similar prevalece en general hoy en día. El Cristo, o la perfecta idea de la Mente-Dios, está siendo expresada y demostrada ahora por hombres y mujeres como nunca antes en la historia de la raza. Que aquellos que pretenden ser seguidores de la verdadera religión, tengan cuidado de expulsar de sus sinagogas a la idea perfecta, como hicieron los judíos con Jesús, el Cristo. Los antiguos fariseos preguntaron a Jesús: "¿Con qué autoridad haces estas cosas?" Y los fariseos modernos repiten la misma pregunta. La sustancia de la respuesta de Jesús fue: "Por sus frutos los conocerás" (Leer Mateo 21: 23-46)

Esa idea perfecta de Dios-humano es tu verdadero yo. La Mente-Dios, bajo la ley del pensamiento, está constantemente buscando expresar su perfección en ti. Es tu espíritu, y cuando pides su guía y te pones en contacto mental con él, mediante la oración y la afirmación, se produce un gran aumento de su manifestación en tu vida. Tiene detrás de sí todos los poderes del Ser, y no hay nada que no pueda hacer si le das pleno dominio, y haces que tu pensamiento sea lo suficientemente fuerte como para llevar a cabo las grandiosas fuerzas que está tratando de expresar en ti.

Una parte muy importante de la ley de la acción de la mente es el hecho de la unidad de pensamiento. Es absolutamente necesario comprender la naturaleza de este hecho, antes de que uno puede demostrar el poder de la mente superconsciente. Entre nuestros semejantes, nos gustan y nos atraen aquellos que comprenden y simpatizan con nuestro pensamiento. La misma ley es válida en la Mente Divina, sus pensamientos son atraídos y encuentran expresión en las mentes de aquellos que se elevan a su estándar de pensamiento. Esto significa que debemos pensar de nosotros mismos como Dios piensa de nosotros, para apreciar y recibir sus pensamientos y producir los frutos. Si piensas de ti mismo como algo menos que el hijo perfecto del Padre perfecto, reduces el estándar de pensamiento de tu mente y cortas el influjo de pensamiento de la Mente Divina. Jesús se refirió a esta ley cuando dijo: "Sean perfectos, así como su Padre celestial es perfecto".

Cuando avanzamos en la comprensión de la naturaleza perfecta del ser humano, encontramos que se forma en nosotros un nuevo estado de conciencia; pensamos y hacemos muchas cosas que no están de acuerdo con la costumbre establecida, entonces la antigua mentalidad se levanta y pregunta: "¿Con qué autoridad?" Hemos mirado tanto tiempo la autoridad humana en asuntos religiosos, que sentimos que estamos pisando terreno peligroso si nos atrevemos a pensar más allá de las doctrinas prescritas. Justo aquí debemos apelar a la razón suprema del Espíritu, y proclamar lo que percibimos como la verdad más elevada, independientemente del precedente o la tradición, la ignorancia mental o la limitación física: Yo Soy es la "imagen y semejanza de Dios", el "Hijo Unigénito" (la mente expresada o manifestada) del Altísimo. Este es mi verdadero estado, y nunca lo alcanzaré hasta que entre en él mentalmente, porque allí está, y en ninguna otra parte.

Solo a través de la mente superconsciente podemos contemplar a Dios y estar en comunión con él.

"Nadie ha visto jamás a Dios; el hijo unigénito, que está en el seno del Padre, él lo ha dado a conocer" (Juan 1:18).

Se enseña que Jesús era exclusivamente el "Hijo Unigénito" pero él mismo dijo: "¿No está escrito en su ley: Yo dije, ustedes son dioses?" Él proclamó la unidad de todos en el Padre. "Yo Soy la luz del mundo" "Ustedes son la luz del mundo". Pablo dice: "Todos los que son guiados por el Espíritu de Dios, estos son hijos de Dios... somos herederos de Dios y coherederos con Cristo". (Romanos 8:14, 17)

No debemos pasar por alto un punto importante en este asunto de la filiación; ese punto es la diferencia entre los que perciben su filiación como una posibilidad y los que la han demostrado en sus vidas. "Debes nacer de nuevo", fue la proclamación de Jesús. El primer nacimiento es el humano: la conciencia humana como ser intelectual y físico; el segundo nacimiento "de nuevo", es la transformación y el traslado de lo humano a un plano superior de conciencia.

El segundo nacimiento es "vestirse de Cristo". Es un proceso de ajuste mental y transmutación corporal que tiene lugar aquí mismo en la tierra. "Tengan la misma manera de pensar que tuvo Jesucristo", es un epítome de un cambio mental y físico, que puede requerir años para realizarse. Pero todos deben pasar por este cambio, antes de que puedan entrar en la vida eterna y ser como es Jesucristo.

Este ser "nacer de nuevo" o "nacer de arriba" no es un cambio milagroso que tiene lugar en el individuo; es el establecimiento en su conciencia de aquello que siempre ha existido como la idea del ser humano en la Mente Divina. Dios creó al ser humano a su "imagen y semejanza". Siendo Dios Espíritu, el ser humano que crea es espiritual. Por lo tanto, se deduce como una secuencia lógica que el ser humano, en el lado positivo, formativo y creativo de su naturaleza, es la emanación directa de su hacedor; que es igual a su hacedor; que está dotado de poder creativo, y que tiene una fuente inagotable a la cual recurrir en su trabajo creativo. Es a este ser espiritual a quien el Padre le dice: "Todo lo mío es tuyo".

Comprender el estado de todos los seres humanos en la Mente Divina nos da una nueva luz sobre la vida de Jesús de Nazaret, y aclara muchas de sus declaraciones aparentemente misteriosas. La conciencia espiritual, o Mente Crística, se avivó en él, y a través de ella comprendió su relación con la Primera Causa. Cuando se le pidió que mostrara al Padre, con quien hablaba constantemente como si estuviera personalmente presente, él dijo: "El que me ha visto, ha visto al Padre". La personalidad se había fusionado con lo universal. La mente del ser y el pensamiento del ser se unieron y no había conciencia de separación o distancia.

Todo en el individuo presagia al ser superior. La más importante de estas profecías es el deseo casi universal de la libertad que promete la vida espiritual, la libertad de las limitaciones materiales. La percepción mortal impulsa al individuo a inventar dispositivos mecánicos que lo lleven por encima de las limitaciones. Por ejemplo, vuela por medios externos. En su naturaleza espiritual está dotado de la capacidad de vencer la gravedad; cuando se desarrolle este poder, será común ver a hombres y mujeres pasar de un lado a otro en el aire, sin alas ni aparatos mecánicos de ninguna clase.

El organismo humano posee un mundo de energías latentes a la espera de manifestarse. Distribuidos por todo el cuerpo, hay muchos centros nerviosos cuyas funciones aún son vagamente comprendidas. En el Nuevo Testamento, que es una obra sobre fisiología espiritual, estos centros se denominan "ciudades" y "aposentos". El "aposento alto" es la parte superior de la cabeza. Jesús estaba en este "aposento alto" de su mente cuando Nicodemo vino a verlo "de noche", es decir, en la ignorancia de la conciencia sensorial. Fue a este "aposento alto" que Jesús les dijo a sus seguidores que fueran el día de Pentecostés y que oraran hasta que el Espíritu Santo viniera sobre ellos. La superconsciencia, o Mente Crística, encuentra su primera entrada en la mente natural a través de este centro cerebral superior. Mediante el pensamiento, la palabra y la acción, esta mente es llevada a la manifestación. El nuevo nacimiento se describe simbólicamente en la historia de Jesucristo.

"En verdad les digo que muchos profetas y justos desearon ver lo que ustedes ven, y no lo vieron; y oír lo que ustedes oyen, y no lo oyeron"
(Mateo 13:17)

DECLARACIONES PARA LA REALIZACIÓN DEL HIJO DE DIOS

(Para ser utilizadas en conexión con la lección 2)

Yo soy el hijo de Dios, y el Espíritu del Altísimo habita en mí.

Yo soy el hijo unigénito, que habita en el seno del Padre.

Yo soy el señor de mi mentalidad y el soberano de todo su pueblo pensante.

Yo soy el Cristo de Dios.

Por medio de Cristo tengo dominio sobre cada pensamiento y palabra.

Yo soy el hijo amado en quien el Padre se complace.
En verdad yo soy el hijo de Dios.

Todo lo que el Padre tiene es mío.

El que me ha visto a mí, ha visto al Padre.
Yo y mi Padre somos Uno.

Mi ideal más elevado es un ser perfecto.
Mi siguiente ideal más elevado es que yo mismo soy ese ser perfecto.

Yo soy la imagen y semejanza de Dios, en quien está mi perfección.

Está escrito en la ley del Señor: "Ustedes son dioses e hijos del Altísimo".

"Estos se han escrito para que ustedes crean que Jesús es el Cristo, el hijo de Dios; y para que, creyendo, tengan vida en su nombre".

MANIFESTACIÓN

Por regla general, las personas religiosas no son científicas. Piensan que la religión y la ciencia están separadas por un abismo, y que la mente científica es peligrosa. Para ellos, la ciencia está asociada a Darwin, Huxley, y otros estudiosos de la ley natural, que se han mostrado escépticos sobre la exactitud científica de la Biblia y que, debido a su escepticismo, son tachados de impíos. Por eso, para un buen cristiano ha llegado a ser casi una herejía pensar que su religión tiene un lado científico.

Por ciencia nos referimos a la disposición sistemática y ordenada del conocimiento. Esta definición no limita la ciencia al mundo material. Hay una ciencia en el cristianismo y solo a través de la comprensión de esta ciencia, como elemento fundamental del cristianismo, puede este demostrarse plenamente en la vida del individuo. Si no se comprende la ciencia sobre la que descansa el Espíritu, se fracasa en casi todas las demostraciones de su poder. Pablo dice: "Oraré con el espíritu, pero también oraré con el entendimiento".

Hay un abismo entre la alta manifestación espiritual y la material. Solo al poner un puente sobre este abismo podrán reconciliarse la ciencia y la religión. El puente necesario es la estructura que construye el pensamiento. Cuando los cristianos comprendan la ciencia del pensamiento, el poder del pensamiento para manifestarse y cómo se logra la manifestación del pensamiento, dejarán de temer a la ciencia material. De igual manera, cuando los científicos materiales hayan comprendido la verdadera naturaleza de esa fuerza viviente, que perciben como siempre activa en todas las estructuras de la naturaleza, tendrán más respeto por la religión.

Tanto el religioso como el físico sostienen erróneamente que la Biblia es una descripción histórica de la creación humana. Desde el primer capítulo del Génesis, la Biblia es una alegoría. Así lo consideran la mayoría de los eruditos hebreos, y ciertamente deberían conocer el carácter de sus propias escrituras. Pablo era hebreo, y profundamente versado en el ocultismo de los escritos espirituales; refiriéndose a la historia de Abraham y Sara, dijo: "Esto contiene una alegoría". Los hebreos afirman casi universalmente que la historia del Jardín del Edén, Adán, Eva y la serpiente, es simbología.

Teniendo en cuenta estos hechos, parece extraño que el cristianismo ortodoxo insista en que la Biblia es una historia literal. Esta forma de verla es la que se ha interpuesto en el camino de la verdadera comprensión espiritual. Leído a la luz del Espíritu, el primer capítulo del Génesis es una descripción simbólica de la acción creadora de la Mente universal en el reino de las ideas. No se refiere al universo manifestado, del mismo modo que la historia de la idea del inventor no se refiere a la máquina que después construye. Primero se piensa el problema y posteriormente se produce la estructura. Así construye Dios su universo. Esto se explica en el segundo capítulo del Génesis, que dice que Dios "reposó de toda la obra que había creado", sin embargo, "aún no había ninguna planta del campo, ni había hombre para labrar la tierra". "Entonces, el Señor Dios formó al hombre del polvo de la tierra y sopló en su nariz el aliento de vida; y fue el hombre un ser viviente".

Solo mediante la percepción de la ley mental por la que las ideas se manifiestan de lo sin forma a lo formado, podemos comprender y conciliar estos dos capítulos aparentemente contradictorios. A la luz de la verdadera comprensión, todo se aclara, y discernimos cómo la Mente Divina está creando al ser humano y al universo; primero el concepto ideal, luego la manifestación.

Los seis días de la creación, tal como se describen en el primer capítulo del Génesis, representan seis grandes proyecciones ideales de la Mente Divina, cada una más amplia que su predecesora. El clímax final se alcanza en el sexto grado, cuando aparece esa fase del ser llamada ser humano, que tiene dominio sobre todo, o toda idea, que ha precedido. Este ser humano ideal, que es "imagen y semejanza" de "Elohim", es el epítome y centro focal en torno al cual gira toda la creación. Por tanto, el único estudio importante de la humanidad es la mente del individuo. Es la clave de todos los misterios, tanto religiosos como materiales. Cuando sabemos cómo se manifiesta la mente desde lo ideal hasta lo llamado real, ya no estamos en la oscuridad, sino que tenemos esa verdad que Jesús dijo que nos haría libres.

No existe más que un ser humano. En el lado espiritual de su ser, cada persona en el universo tiene acceso a ese ser humano, eternamente existente en la Mente Divina como una idea perfecta del ser humano. Cuando alguien aprecia esta poderosa verdad y la aplica en su pensamiento consciente, toda manifestación se vuelve armoniosa y ordenada para él, y ve a Dios en todas partes.

La comprensión correcta de la Ley Divina de la creación hace del individuo una facultad necesaria en la gran obra de Dios. A través de él, Dios forma o manifiesta exteriormente lo que existe en el ideal. Por lo tanto, para que la creación continúe y se realice tal como Dios la ha diseñado, el individuo no solo debe comprender la ley de la acción de la mente en su pensamiento individual, sino que también debe comprender su relación con el pensamiento universal. No solo debe comprenderlo, sino que debe cooperar conscientemente en cada pensamiento con los ideales Divinos. Jesucristo comprendió esta ley y afirmó repetidamente que había sido enviado por Dios para hacer la Voluntad Divina en el mundo. Esta misión es dada a cada persona, y nadie tendrá satisfacción en la vida hasta que reconozca esta ley universal; hasta que se convierta en un trabajador obediente y dispuesto con la Mente Divina.

El ser espiritual es el Yo soy; el ser manifiesto es Yo quiero (Voluntad). Yo soy es el Señor Dios de las escrituras, y Yo Voluntad, es Adán. Es el ser Yo soy el que da forma y respira el "aliento de vida" sobre el ser Yo Voluntad. Cuando estamos en el reino del ideal, somos Yo soy; cuando estamos expresando ideales en pensamiento y acto, somos Yo quiero. Cuando el Yo quiero (voluntad) se absorbe tanto en su ámbito de expresión que pierde de vista el ideal y centra toda su atención en lo manifiesto, es Adán escuchando a la serpiente y escondiéndose del Señor Dios. Esto rompe la conexión entre el Espíritu y la manifestación, y el individuo pierde esa conciencia que le pertenece según la ley Divina. En este estado mental, la verdadera fuente de suministro se corta y se recurre a las fuerzas de reserva del organismo, el árbol de la vida. En esta experiencia se describe al ser humano como expulsado del Jardín del Edén, o paraíso del Ser.

Cada idea proyecta una forma. El cuerpo físico es la proyección de la idea del ser humano; llevamos el cuerpo en la mente. El cuerpo es el fruto del árbol de la vida que crece en medio del jardín de la mente. Si la idea-cuerpo está arraigada y enraizada en la Mente Divina, el cuerpo se llenará de un perpetuo flujo de vida que reparará todos sus desperfectos y curará todas sus enfermedades.

Cuando el individuo comprende que no hay más que un cuerpo, y que las condiciones de su cuerpo expresan el carácter de su pensamiento, tiene la clave de la perfección corporal y de la inmortalidad en la carne. Pero "la carne y la sangre" no pueden heredar el reino de Dios. La "carne y la sangre" a la que nos referimos aquí, es la idea del cuerpo corruptible que las personas tienen en mente. Cuando tengamos la idea correcta del origen y carácter del cuerpo, lo corruptible se vestirá de incorrupción, y nuestros cuerpos resucitarán de entre los muertos, como lo hizo el cuerpo de Jesús. "Su alma no fue dejada en el Hades, ni su carne vio corrupción" (Hechos 2:31)

La resurrección de nuestro cuerpo, de entre los muertos, comienza en nuestra mente. Debemos cambiar nuestras ideas sobre el cuerpo y sostener la verdad de su origen y destino, como fue concebido por Dios, en cuya Mente existe su ser real. El cuerpo espiritual del ser humano es la concepción de la Mente Divina, la creación del Espíritu para nosotros. Nuestro trabajo es hacer que se manifieste este cuerpo.

Cuando comprendemos correctamente la creación y, con su ayuda, iniciamos la redención del cuerpo, el Espíritu de Dios vivifica la vida interior de todo el organismo, y sabemos que se está cumpliendo en nosotros la promesa de Hechos 2:17: "En los últimos días, dice Dios, derramaré de mi Espíritu sobre toda carne".

El problema que se plantea al individuo en la presente conciencia de la raza es cómo volver a la "casa del Padre", en la que hay una abundancia inagotable. Del mismo modo que nos separamos del Padre por un ejercicio del libre albedrío inherente en nosotros, debe ser a través de esa misma facultad que volvamos a hacer una unión consciente con él. Debemos darnos cuenta de la insensatez de vivir en ese reino más externo donde solo están las cáscaras de las cosas, y en el que nos gustaría satisfacernos, pero no podemos. Entonces dirijamos nuestra atención hacia el interior, y viajando durante un tiempo en esa dirección, encontraremos la fuente y la sustancia de la vida.

No es fácil volverse hacia el interior después de haber estado mirando hacia el exterior durante tanto tiempo. La mente que ha sido entrenada para los estándares del universo formado, a menudo es lenta para captar lo que es sin-forma. Pero hay un estado de conciencia en el alma que, a través de siglos de experiencia, ha aprendido acerca de este mundo sin forma y se siente como en casa en él. Nuestros sueños, visiones y experiencias espirituales, de las que rara vez hablamos, proceden de este reino interior. Así que tenemos un hogar esperándonos en el lado subjetivo de nuestro ser, y su bienvenida merece todo el esfuerzo del viaje. "Añorando aquella patria de donde salieron" —dijo Pablo.

Individualízate en lo más elevado afirmando que en Espíritu y en verdad, eres todo lo que Dios es. Esto es verdad de la naturaleza espiritual del individuo, y debe reclamar la herencia suprema antes de que pueda entrar en las poderosas fuerzas mentales y espirituales que proceden del reino de Dios. Nadie entra en el reino interior de Dios, se sienta en el trono y permanece en él, hasta que tenga el valor y el coraje de proclamarse coheredero con Jesucristo. Entonces debe probar su dominio por su pureza de motivos, devoción desinteresada a la verdad universal, y un esfuerzo y paciencia constantes para superar las limitaciones de su propia conciencia sensorial.

La verdadera identidad de la persona está en la Mente Divina. La idea no tiene mente separada del único reino universal de ideas. El individuo debe establecerse en la única Mente. Él surgió de ella, y toda su existencia depende de ella; entonces, ¿por qué no debería hacer conscientemente la conexión mental que establecerá la armonía y el orden de los que depende toda la existencia?

Casi todos los sistemas religiosos se proponen lograr esta unidad entre Dios y el individuo, y muchos de ellos tienen bastante éxito en sus métodos. Debemos mucho a la iglesia, a la educación y a las ayudas que hemos recibido directa e indirectamente a través de los esfuerzos de personas con mentalidad espiritual en todas las épocas. La Verdad ha presionado sobre ellos, y la han demostrado hasta su más alta comprensión. Actualmente, nos encontramos en un grado más completo de iluminación respecto a las leyes mentales que gobiernan al ser humano y al universo y, en consecuencia, podemos aplicar más definitiva y científicamente los métodos para el desarrollo espiritual, los cuales, en los sistemas religiosos, generalmente se siguen a través de la fe. A tu fe ahora puedes agregar entendimiento.

Regresar al jardín del Edén o tomar posesión de la Tierra Prometida, es una entrada consciente en la parte subjetiva del propio ser. En el orden Divino, la voluntad actúa sobre el centro del cuerpo desde adentro; en la persona promedio esta acción se produce a través del reflejo desde fuera. En la práctica vivimos fuera de nuestro cuerpo en vez de dentro de él. Esto nos da un control muy ligero sobre él y, en consecuencia, es débil y propenso a escaparse de nosotros por motivos muy leves.

Se debe afirmar constantemente: "Yo Soy, y manifestaré la perfección de la Mente interna". La primera parte de la declaración es una verdad abstracta; la segunda parte es la identificación concreta. Debemos aprender la ley de la expresión desde lo abstracto a lo concreto, de lo sin forma a lo formado. Cada idea crea una estructura según su propia imagen y semejanza, y todas esas ideas y estructuras se agrupan y asocian de acuerdo con sus funciones.

Todas las ideas relacionadas con el poder se agrupan en torno a estructuras impregnadas de poder. Tales ideas no son atraídas por las ideas de amor. El amor tiene su grupo, y construye sus estructuras en un lugar por sí mismo. Hemos observado ciertos centros manifiestos en nuestros cuerpos; los hemos reconocido y nombrado como el asiento de las emociones, como la expresión de las características que se supone existen en el alma. Se reconoce universalmente que el amor se expresa a través del corazón, y la inteligencia a través de la cabeza.

En el estudio de la Mente y el Espíritu, estos centros internos de conciencia se concentran hasta que respondan a la voluntad del Yo y se vuelvan obedientes a ella. Por este método, la persona descubre que puede controlar y dirigir todas las funciones de su organismo y perpetuar su vida y existencia indefinidamente.

Esta es la "regeneración" del Nuevo Testamento, un proceso de refinamiento del cuerpo hasta el punto de la inmortalidad física. Jesús llamó este estado "La regeneración, cuando el Hijo del hombre se siente en el trono de su gloria".

REALIZACIONES DEL YO SOY

(Para ser utilizadas en conexión con la lección 3)

Yo soy el que soy.

Yo soy identidad demostrada.

Yo soy el que soy, y no hay otro fuera de mí.

Yo soy Uno con la Omnipotencia.

Yo soy la sustancia del Ser manifestada.

Yo soy formado en la perfección del Ser ideal Divino, Cristo Jesús.

Mi cuerpo no es material, es espiritual y perfecto en todo su ser.

Centrado y establecido en la Mente única, no me inquietan las falsedades externas.

Mi identidad está en Dios, y mi trabajo es establecer su reino dentro de mí.

Yo no puedo hacer nada por mí mismo, sino que es el Padre que mora en mí quien hace las obras.

Yo me esfuerzo en todos mis pensamientos y caminos para que se manifieste la imagen y semejanza de Dios.

Mi vida está guardada con Cristo en Dios.

EL PODER FORMATIVO DEL PENSAMIENTO

Que el cuerpo es movido por el pensamiento, es aceptado universalmente; pero que ese pensamiento es también el constructor del cuerpo, no es tan ampliamente aceptado. Sabemos que el pensamiento mueve los diversos miembros del cuerpo, porque constantemente tenemos ante nosotros la estrecha simpatía entre el pensamiento y el acto. Antes de correr, pienso que voy a correr, y mis piernas comienzan a moverse rápidamente en la imaginación antes de que comience la acción exterior. Mediante una serie de experimentos realizados en la Universidad de Harvard, se descubrió que la idea de correr hace que la sangre se dirija a las piernas. Se colocó a un hombre de espaldas sobre una viga equilibrada, que se ajustó de modo que el más mínimo peso en la cabeza o en los pies se registrara en el indicador. Cuando se alcanzó el equilibrio perfecto, se le planteó un problema matemático que debía resolver. Inmediatamente, el indicador mostró un aumento de peso en la cabeza, lo que indicaba que el pensamiento había llamado a la sangre allí. Luego se le dijo que imaginara que estaba corriendo, y el indicador mostró que el peso se desplazaba gradualmente hacia los pies.

Aquí está la prueba que el pensamiento no solo mueve los miembros externos del cuerpo, sino que controla los fluidos que fluyen dentro del cuerpo. Si el pensamiento mueve tan fácilmente la sangre de un lugar a otro, ¿quién puede decir que no mueve más rápidamente el fluido nervioso, o esa sustancia aún más volátil, la fuerza magnética que impregna todos los organismos? Afirmamos que lo hace, y que no solo mueve estos diversos elementos del cuerpo, sino que también forma y organiza sus actividades en el cuerpo.

Autoridades médicas de la más alta reputación nos dicen que ciertos órganos del cuerpo se renuevan a sí mismos, y que es un enigma para ellos explicar cómo estas partes pueden llegar a desgastarse. Si tuvieras una máquina de coser que reemplazara constantemente las pequeñas partículas desgastadas por la fricción, ¿podría alguna vez destruirse esa máquina? En la salud, el cuerpo humano tiene este poder, y cuando está en armonía nunca se desgasta. La armonía a la que se hace referencia, es el ajuste a la ley del Ser, a la ley de la naturaleza Divina, a la ley de Dios. No importa cómo llamemos a este Principio fundamental que subyace a toda vida, lo importante es comprenderlo y ponerse en armonía con él.

Siempre se nos ha dicho que deberíamos estar sanos si nos ajustáramos a las leyes de la naturaleza, pero nadie ha sido capaz de decirnos exactamente cuáles son estas leyes. Algunos han dicho que esta conformidad consiste en comer el tipo correcto de alimentos, o en beber el tipo correcto de agua de la manera correcta, o en respirar aire puro, y en llevar ropa adecuada. Hemos hecho todas estas cosas y, sin embargo, algo falta. Es bastante evidente que, siguiendo estos ajustes externos, no hemos llegado al principio subyacente de la naturaleza. La naturaleza trabaja inteligentemente, y nunca seremos capaces de ajustarnos a sus leyes hasta que nos acerquemos a ella como lo haríamos a una madre sabia y cariñosa, sabiendo que con mucho gusto nos da lo que queremos cuando lo usamos sabiamente.

La naturaleza no es una fuerza ciega que trabaja en la oscuridad y la ignorancia Todas sus obras indican una mente inteligente en acción. Siendo esto cierto, percibimos que no podemos ajustarnos a las leyes de la naturaleza hasta que reconozcamos la Mente a través de la cual ella trabaja.

Los que no han pensado en esta proposición, los que no han intentado conocer y comprender el lado mental de la vida, son como personas que caminan a plena luz del día con los ojos cerrados. La mente tiene ojos, y podemos ver (percibir) la inteligencia interior si miramos con la mente. Pero aquellos que miran completamente con los ojos físicos, son realmente ciegos, "teniendo ojos, no ven". La salvación de la humanidad del pecado, la enfermedad, el dolor y la muerte se logra mediante la comprensión y la conformidad con la ordenada Mente detrás de toda existencia. "Conocerán la verdad, y la verdad les hará libre".

El ser humano es un epítome del Ser. La ciencia material dice que su cuerpo contiene una porción de todos los elementos de la tierra y del aire. La psicología descubre que su alma responde a todas las emociones, sensaciones y vibraciones del mundo sensitivo que le rodea, y la ciencia espiritual discierne que su superconsciencia se inspira en todas las ideas fundamentales de la Mente Divina. Entonces, el ser humano es la clave de Dios y del universo, y puede conocer todas las cosas estudiando su propia constitución. Lo supremo en esta constitución es la mente. El individuo debe basar todas sus investigaciones en la mente, porque la mente es el punto de partida de todo pensamiento y acción.

Algunos metafísicos enseñan que las personas se hacen a sí mismas, otros enseñan que Dios las hace y otros sostienen que el proceso creativo es una cooperación entre Dios y las personas. Los que han tenido las experiencias espirituales más profundas han demostrado que esto último es cierto. Jesús reconoció este proceso creativo dual, como se muestra en muchas declaraciones relativas a sus obras y las obras del Padre. "Mi Padre hasta ahora trabaja, y yo trabajo" (Juan 5:17). Dios crea en lo ideal, y el individuo realiza en lo manifiesto lo que Dios ha concebido en lo ideal. Jesús trata de esta relación entre el Padre y el Hijo en el capítulo quinto de Juan:

"El Hijo no puede hacer nada por su cuenta, sino lo que ve hacer al Padre; porque todo lo que hace el Padre, eso también hace el Hijo de igual manera".

El pensamiento es el poder creativo mediante el cual el individuo construye una mentalidad y un cuerpo de perfección. Él usa con entendimiento su poder creativo del pensamiento, percibiendo mentalmente la relación correcta de las ideas; como dijo Jesús: "Lo que ve hacer al Padre". Así, vemos la necesidad no solo de pensar correctamente, sino también de tener una base correcta para nuestro pensamiento. Debemos pensar de acuerdo al Principio. El matemático exitoso basa todos sus cálculos en las reglas de la ciencia matemática; así también, el metafísico exitoso basa su pensamiento creativo en las ideas ilimitadas de la Mente única. El cristianismo es una ciencia porque se rige por principios científicos de la mente. Estos principios son realmente la base de todas las diversas ciencias, pero estas ciencias son secundarias, mientras que la ciencia divina es primaria.

El científico físico no va más allá del electrón, o la molécula, o la célula, en su análisis de las formas. Postula que los átomos existen, pero nunca los ha visto. Asume que no es posible investigar el reino que está más allá de la percepción física. El metafísico se adentra en el reino donde se forman los átomos, las moléculas y las células, y no solo ve cómo están hechos, sino que adquiere la capacidad de hacerlos. Se da cuenta de que todos ellos dependen de las ideas; y que utilizando las ideas correctas puede manifestar cualquier forma o condición que desee.

Por ejemplo, lo que externamente se denomina sustancia, tiene su origen en una idea mental de forma y figura. Lo que se denomina vida, tiene su origen en una idea de acción. Lo que se denomina inteligencia, tiene su origen en una idea de conocimiento. Todas las manifestaciones que vemos a nuestro alrededor se producen de la misma manera; tienen su origen en alguna idea de la mente, y pueden ser formadas y transformadas a voluntad por quien comprende y utiliza este poder mental.

Un estudio de la mente y sus múltiples manifestaciones revela una diferencia entre el objeto y la mente en la que el objeto tiene su ímpetu original como idea. La vida en la Mente Divina es ilimitada como una idea de acción perpetua y omnipresente, pero por el pensamiento puede estar sujeta a muchas limitaciones. La sustancia en la Mente Divina es una idea de perfección en la forma, pero el pensamiento invariablemente la caricaturiza. La inteligencia en la Mente Divina es omnisciente, pero el pensamiento ha dicho que hay ignorancia, y así se ha demostrado. Por lo tanto, no es cierto que toda manifestación sea buena porque la idea que la originó provenga de la Mente Divina. Todas las ideas tienen su fundamento en la Mente Divina, sin embargo, el ser humano ha puesto la limitación de su pensamiento sobre ellas y las ve "en un espejo, oscuramente".

Aplicando esto a la conciencia individual, encontramos cómo el hombre piensa que su cuerpo está enfermo. En lugar de basar su pensamiento en lo que es verdadero, en lo absoluto del Ser, lo basa en las condiciones tal como aparecen en el reino formado a su alrededor, y el resultado es la discordia corporal en multitud de formas.

Existe una sustancia de pensamiento universal que impregna toda la naturaleza y que es más sensible que el disco fonográfico. Los registros mecánicos reciben y conservan todas las vibraciones del sonido, pero la sustancia del pensamiento hace más que esto; transcribe no solo todos los sonidos, sino incluso la más leve vibración del pensamiento. El sistema telefónico de una gran ciudad es una buena ilustración de la manera en que el pensamiento actúa sobre el organismo. Los nervios son los cables y los fluidos nerviosos son la electricidad. Los grupos ganglionares repartidos por todo el cuerpo son las subestaciones. La inteligencia que preside envía su pensamiento desde la cabeza; la "Central" en el plexo solar, recibe el mensaje y establece la conexión con la parte del cuerpo designada. Piensas en tu estómago, instantáneamente se establece la conexión con ese centro y el pensamiento que preside, estacionado allí, toma su mensaje y lo lleva a efecto. Si el mensaje es: "Eres débil", se registra la debilidad. Si la palabra que viene es: "Eres fuerte, vigoroso, valiente, espiritual, inteligencia, vida y sustancia", ese mensaje se transcribe y se lleva a acción.

Cada parte del cuerpo está conectada con esta gran estación central del plexo solar, que es muy obediente en el cumplimiento de las instrucciones recibidas de la inteligencia que preside en la cabeza. Existen varios grandes subcentros, e innumerables centros menores que impregnan el organismo. Estos centros de pensamiento son las ideas formadas de la mente que tienen una afinidad entre sí, basada en el poder de atracción del amor, el factor vinculante del organismo. La ciencia física llama a esta energía vinculante la fuerza centrípeta, pero todas las fuerzas de cualquier carácter son mentales y deben ser reducidas a ideas, pensamientos y palabras, para ser comprendidas.

Todas las ideas que pertenecen a la expresión de la vida tienen su centro de acción en esa parte del cuerpo llamada sistema generativo; cualquier pensamiento que pensamos o expresamos en palabras sobre la vida, es enviado inmediatamente a este ganglio generativo y es registrado allí. Estos pensamientos no solo son registrados, sino que el individuo, mediante el pensamiento repetido, ha construido un ego, o identidad, en ese centro. El pensamiento dominante de esta identidad es la acción vital en sus diversas fases. El centro vital es divino, y debe pensarse y utilizarse de la manera más pura y elevada. Esto conducirá a la perfecta manifestación de la vida en todo el cuerpo. Todos los pensamientos sobre la pérdida de la vida, o el debilitamiento de la vida, o la impureza de la vida, deben ser persistentemente negados y sacados de la mente, y realizarse el tipo más fuerte de afirmación respecto a lo que es la vida en Dios. De esta manera conectamos el centro de la vida con su fuente espiritual y es restaurado a la armonía Divina.

La mayoría de los males que afligen al cuerpo tienen su origen en pensamientos erróneos sobre la vida y en el mal uso de la función vital. En Génesis, el centro vital se compara con un árbol cuyas raíces están en la tierra y sus ramas se extienden hacia el cielo. Todas las sensaciones agradables del organismo se producen por la unión con las fuerzas que emanan de este centro. A lo largo de los nervios, o ramas, envía sus corrientes de vida a las extremidades del cuerpo, e incluso más allá, a los éteres más sutiles del alma. Es espiritual, pero sus vibraciones son tan sutiles (como serpiente) que el individuo se siente tentado a comer sus frutos, a consumir en sus sensaciones placenteras las fuerzas de reserva que su organismo tiene aquí almacenadas. Su indulgencia le quita el manto de poder y dominio sobre las fuerzas físicas que le rodean. En lugar de permanecer en el centro de su cuerpo y gobernarlo conscientemente, así como al mundo de la naturaleza exterior, es expulsado del jardín.

Mediante una comprensión correcta y mediante los pensamientos y palabras correctos, el individuo recuperará el reino interior y será restituido al jardín del Edén. Este proceso de retomar el poder y el dominio, se está llevando a cabo ahora en todos aquellos que buscan la rectitud de la conciencia Crística. En este reino de pensamiento superior, todas las ideas que pertenecen a la vida humana están en armoniosa relación, y cuando pedimos este conocimiento en pensamiento silencioso, nuestras mentes se inundan con su luz. Nosotros solo comprendemos según la receptividad, la firmeza, la comprensión y la fe persistente de nuestras mentes. Pero crecemos en fe y comprensión, y por muy lento que parezca nuestro progreso, nunca debemos desanimarnos ni rendirnos. Todos somos herederos de esta conciencia de pensamiento superior, y todos debemos alcanzarla finalmente. Cuando la belleza de este reino espiritual se extiende ante nosotros, debemos expresar gratitud dar gracias a la gran Alma del universo. Cuando el astrónomo, Kepler, se dio cuenta la grandeza de las leyes que le fueron reveladas, exclamó: "Te doy gracias, Dios, porque pienso tus pensamientos en pos de ti".

AFIRMACIONES PARA PENSAR CORRECTAMENTE

(Para ser utilizadas en conexión con la lección 4)

Porque cual es su pensamiento en su corazón, tal es él. (Proverbios 23:7)

Mi corazón es recto hacia Dios.

Donde se reúnen mis pensamientos en mi nombre Crístico, allí estoy yo en medio de ellos.

No pensaré mal, porque tú siempre estás conmigo.

Los pensamientos de Dios son sus ángeles: "Él dará órdenes a sus ángeles acerca de ti, para que te guarden en todos tus caminos" (Salmos 91:11)

El pensamiento del necio es pecado.
(Proverbios 24:9)

Los pensamientos de los justos son rectitud.
(Proverbios 12:5)

Encomienda tus obras al Señor, y tus propósitos serán establecidos. (Proverbios 16:3)

Porque yo sé los pensamientos que tengo acerca de ustedes, dijo el Señor, pensamientos de paz, y no de mal. (Jeremías 29:11)

¡Cuán preciosos también son para mí, oh Dios, tus pensamientos! (Salmos 139:17)

Examíname, Oh Dios, y conoce mi corazón. Pruébame, y conoce mis pensamientos. (Salmos 139:23)

Poniendo todo pensamiento en cautiverio a la obediencia de Cristo. (2 corintios 10:5)

Por lo demás, hermanos, todo lo que es verdadero, todo lo honesto, todo lo justo, todo lo puro, todo lo amable, todo lo que es de buen nombre; si hay virtud alguna, si algo digno de alabanza, en esto piensen. (Filipenses 4:8)

CÓMO CONTROLAR EL PENSAMIENTO

Los pensamientos de la mente son identidades que tiene un ego central. Con esto queremos decir que cada pensamiento tiene un centro en torno al cual giran todos sus elementos, y al que obedece cuando no hay ningún otro poder superior. Los pensamientos son capaces de expresarse a sí mismos, piensan. El individuo piensa, y piensa en sus pensamientos todo lo que él es; por lo tanto, sus pensamientos deben estar dotados de un poder de pensamiento secundario.

Sin embargo, hay una diferencia entre el pensador original y el pensamiento secundario. Uno tiene su centro animador en el Espíritu, el otro en el pensamiento. Uno es Hijo de Dios; el otro es hijo del hombre.

El hecho esencial que hay que comprender es que no puede haber manifestación sin inteligencia como factor fundamental y parte constituyente. Toda forma en el universo, toda función, toda acción, toda sustancia, todo esto tiene una parte pensante que es receptiva y controlable por la persona. La ciencia material ha observado que cada molécula tiene tres cosas: inteligencia, sustancia y acción. Sabe adónde quiere ir, tiene forma y se mueve.

Este principio inteligente en todas las cosas es la clave del trabajo del metafísico. Él no se preocupa de la acción y reacción de la química de la materia, ni necesita conocer todas las intrincadas leyes de la electricidad y el magnetismo para sacarles el máximo partido. Son susceptibles al pensamiento a través del factor de conocimiento en su construcción, y a esta susceptibilidad es a la que apela. A través de esta inteligencia que lo abarca todo, el ser humano ejerce su más alto dominio. La afirmación bíblica del poder y dominio humano sobre todas las cosas solo es cierta cuando se le estima mentalmente.

El testimonio de todos los filósofos es que todas las cosas se encuentran en un estado de construcción o destrucción. Estos dos estados son omnipresentes y, al parecer, esenciales en la construcción del universo. El metafísico discierne que la causa de estos dos movimientos es el "Sí" y el "No" de la mente. Estos atributos duales de la mente son evidentes en todas partes, pero no son comprendidos por quienes observan la forma en lugar del Espíritu. Los polos positivo y negativo del imán son estados de afirmación y negación mental. En el ácido y el álcali, lo agrio y lo dulce, la química proclama: "Sí" y "No". La noche y el día, el calor y el frío, el sol y la sombra, la inteligencia y la ignorancia, el bien y el mal, el santo y el pecador, todos son reflejos de afirmaciones y negaciones mentales. Así, el factor determinante de toda manifestación es el "Sí" o el "No".

Se ha descubierto que, mediante el uso de estas fuerzas mentales, el individuo puede disolver las cosas negando su existencia, y que puede construirlas afirmando su presencia. Esta es una afirmación simple, pero cuando se aplica en todas las intrincadas formas de pensamiento del universo, se vuelve compleja. La ley de negación y afirmación mental demostrará su verdad a todos aquellos que la utilicen persistentemente.

El poder de la mente para construir o destruir se ejemplifica de la forma más sorprendente en el cuerpo humano. Todo lo que afirmamos como verdadero en nosotros, se manifiesta a su debido tiempo en alguna parte del organismo. Lo que negamos es eliminado, cuando la ley ha tenido tiempo para actuar.

El cuerpo está hecho de células; algunas en estado radiante, otras cristalizadas en forma. La visibilidad de estas formas radiantes de pensamiento es el resultado de una afirmación de la ponderabilidad de la sustancia, o es la creencia en la mente del individuo, que su cuerpo es material en lugar de espiritual. El estado mental afirmativo es un proceso vinculante, de sujeción; implica todos los pensamientos y todas las manifestaciones del pensamiento que entran dentro de su ámbito. Si la persona afirma su unidad con la vida, la sustancia y la inteligencia de Dios, se apodera de estas cualidades espirituales; si afirma la realidad de la materia y del cuerpo físico, forma una imagen material que se manifiesta en la carne.

Las afirmaciones no tienen que hacerse en términos definidos como: "Yo afirmo que mi cuerpo es material", la tendencia general de la mente, la suma total del pensamiento en todos sus aspectos, constituye la afirmación que fija y cristaliza los pensamientos en formas. El deseo universal y la lucha de hombres y mujeres por las posesiones materiales es el tipo más fuerte de afirmación, que afecta tanto a la mente como al cuerpo en un grado marcado. Las molestias estomacales y el estreñimiento son quejas comunes de los que se aferran al dinero. El tenso estado mental que establece esta afirmación se extiende por todo el cuerpo; todos los músculos, nervios y órganos se vuelven fijos y casi inamovibles. Esto fue poderosamente ilustrado en cierto banquero que era tan avaro que su mano derecha se cerró con tal rigidez que no pudo abrirla. Del mismo modo, una ambición fija y un deseo intenso de sobresalir en algún campo de trabajo elegido producirán resultados similares. Una voluntad dominante fijada en cualquier dirección es una forma de afirmación, y afecta a la acción vital en el organismo según su intensidad. La congestión, el endurecimiento y la rigidez pueden deberse a una excesiva afirmación.

El remedio metafísico para este estado mental egoísta es la negación. Jesús dijo que el individuo debe "negarse a sí mismo... y seguirme a mí". Esto significa seguir al yo superior, el Cristo; y la negación es a la personalidad. La negación es la eliminación del error mental y la entrada en la relajación consciente de la mente y el cuerpo. El sanador no le dice al paciente que su estreñimiento está causado por estados mentales avaros y mezquinos. Por el contrario, niega totalmente estos hábitos y mantiene al paciente abierto y receptivo a la gran Mente bondadosa del universo. Las personas no se dan cuenta de lo atadas que están por su egoísmo, y no es prudente decírselo abiertamente, hasta que comprendan la diferencia entre su ser real y la personalidad mortal.

Cuando la fase "No" de la mente es demasiado evidente, toda la conciencia está en relajación. Esta negación excesiva hace que el pensamiento sea indefinido y vacilante, el cuerpo débil y flácido. El prolapso, la hidropesía, ciertas formas de afecciones renales, casi todas las relajaciones del cuerpo y de las funciones, son el resultado del estado mental "no puedo". Por ejemplo, un hombre de negocios que durante años se ha dedicado a hacer dinero, se encuentra con una gran pérdida y se lamenta por ello, tendrá algún tipo de problema renal. Cree que ha perdido su sustancia, y un pensamiento vacío comenzará su disipación de los propios tejidos de su cuerpo. Alguien que ha sido muy ambicioso en la consecución de algún cargo o posición, y que ha sido derrotado en esa ambición, por lo general "dejará ir" el polo mental positivo y caerá en el negativo. El resultado es una debilidad corporal en alguna parte. Hablamos de tales personas como si hubiera "perdido el control". Esto es exactamente lo que han hecho: su relajación mental ha aflojado su agarre sobre el organismo, y este se encuentra en una condición de disolución. Los médicos se sorprenden de que tantos hombres públicos padezcan diabetes y la enfermedad de Bright. Esto se debe a que, por la derrota, han caído del éxito al desaliento. El estado mental de "fracaso" hace que todo el organismo entre en pánico, y sus funciones se debilitan en su acción vital. En lugar del tónico de la aspiración y la esperanza, se produce la enervación del desaliento y la desesperación. Estas son condiciones que vienen a aquellos que confían en el brazo de la carne. Cuando la mente está establecida en lo alto, nunca se rinde, ni permite que la derrota frustre sus justas ambiciones. Su pensamiento no está puesto en el logro egoísta, en consecuencia, no experimenta un vacío mental cuando se encuentra con la pérdida. Para alguien con entendimiento espiritual, no hay pérdida. El ir y venir de las cosas materiales e intelectuales no son más que cambios en el panorama de la vida. Los cambios se producen constantemente y continuarán mientras vivamos en la conciencia de la dualidad, el estado de existencia del "Sí" y el "No", que es la mortalidad.

El objeto de la existencia humana es demostrar la verdad del Ser. Esta demostración tiene lugar a través de la experiencia; pero hay dos maneras de desarrollar la experiencia. La primera es conociendo la ley subyacente a todo proceso, y la segunda es probando ciegamente el proceso sin comprender la ley.

La raza a la que pertenecemos, hizo una elección cuando se alcanzó cierta etapa. Una ilustración de esta elección es la alegoría del jardín del Edén. Adán representa al hombre genérico. En sus primeras etapas estuvo bajo la Ley del Conocimiento Divino, el Señor

Dios fue su guía e instructor; no cometió errores, sino que vivió conscientemente en el Entendimiento Divino.

Toda experiencia desarrolla la identidad personal, la conciencia de los poderes del Ser en el yo. Esto es el surgimiento del libre albedrío que es inherente a todos. En el curso de sus demostraciones del Ser, el individuo llega al lugar donde siente su propia capacidad, y sabe que puede ejercerla sin restricciones. "Satán" es la mente personal que tienta al individuo a probar la experiencia sin conocimiento. En la iluminación Divina, la persona no entra conscientemente en esa condición dual tipificada por "el árbol del conocimiento del bien y del mal". El bien es todo; el mal es lo que podría ser si la persona abandona la luz que la guía. En la serena Mente de Dios no hay dualidad, ni bien y mal, ni día y noche, ni comprensión e ignorancia. La luminosidad del Omnisciente disuelve todas las sombras, todas las negaciones.

Es el privilegio del individuo permanecer en la luz, saber resolver el problema de la existencia con tanta exactitud como el matemático que sigue las reglas de su ciencia, sin desviación. El Señor advierte al Adán en desarrollo que no "coma", que no incorpore en su conciencia el conocimiento de la dualidad, el bien y el mal. Pero, como el niño que se niega a seguir el consejo del que sabe, cae en el sentido del placer y del exceso. La reacción de los sentidos es el dolor. A través de estas experiencias, entra en la conciencia de un opuesto al bien. La mentalidad dual naturalmente establece fuerzas positivas y negativas en su mente, y estas fuerzas opuestas se reflejan en su cuerpo. La conmoción es tan grande que el alma se ve obligada a abandonar su templo, el ser humano es expulsado del jardín, y con el tiempo olvida su anterior estado edénico.

Algunos metafísicos sostienen que comer el fruto del árbol del conocimiento fue un paso necesario en la evolución humana; que por la experiencia aprendemos toda la verdad, y que sin experiencia seguiríamos siendo siempre infantes. He aquí la diferencia entre el cristiano y el gentil: uno busca la luz guía del Espíritu en todos sus caminos, mientras que el otro ignora esa luz y forja su carácter como Adán, con el sudor de su frente. Las duras experiencias vienen a nuestras vidas porque no conocemos la ley del pensamiento armonioso. Si pensamos que el mal existe como un poder en el mundo, que está trabajando en nuestras vidas y en las vidas de los que nos rodean, lo convertimos en una fuerza activa, y parece ser todo lo que imaginamos. El poeta discernió con verdad: "No hay nada bueno o malo, sino que el pensar lo hace así".

Algunos metafísicos afirman que no es prudente hacer negaciones; que la afirmación incluye todo el movimiento mental necesario para el perfecto desarrollo del ser humano. Esta posición sería sostenible si hubiéramos construido nuestra conciencia de acuerdo con la Ley Divina. El estudiante que ha llevado adelante su problema matemático sin cometer ningún error, no considera necesario borrar. Pero si ve que ha hecho un cálculo erróneo, ¿qué hace? Nada más que un borrado, seguido de un cálculo correcto, traerá la respuesta correcta. Todos hemos estado por debajo de los ideales Divinos; debemos borrar nuestros errores e incorporar la verdad, hasta que nuestro carácter sea elevado al estándar de Jesucristo.

El arrepentimiento es una forma de negación. El perdón del pecado es borrar el pensamiento mortal de la conciencia. La alegría que viene al cristiano convertido es la afluencia del amor Divino después de que la mente ha sido limpiada por la negación del pecado. Esta es una experiencia real que puede ser repetida una y otra vez por alguien que entiende la ley del bautismo del Espíritu Santo, hasta que todo el ser es santificado y liberado del pecado. Los cristianos consideran que la gozosa exaltación que marcó su conversión fue una señal especial del Señor en reconocimiento de su cambio de corazón. La recuerdan como una experiencia que solo ocurre una vez en la vida. Pero los metafísicos que han estudiado la ley de la mente, que han practicado negaciones y afirmaciones como una ciencia, descubren que pueden entrar en este estado de éxtasis a voluntad.

El yo mortal es el ego alrededor del cual giran todos los pensamientos que nos atan al error. No podemos eliminarlos todos de una vez, pero poco a poco vamos expulsando los pensamientos específicos que se han ido acumulando y construyendo ese falso estado de conciencia llamado Judas. En la vida de Jesús, Judas representa el falso ego que ha generado el pensamiento erróneo. Este "hijo de perdición" está tan entrelazado en la conciencia, que eliminarlo de un solo golpe destruiría la mentalidad, por lo que debe ser considerado como uno de los doce, aunque sabemos que "tiene un demonio".

En la simbología de la vida de Jesús, Judas está representado como el tesorero; él "tenía la bolsa". Esto significa que este ego tiene posesión del sexo o centro vital en el organismo y lo está utilizando para sus propios fines egoístas. Judas era un "ladrón". El uso egoísta de la vida y la vitalidad del organismo para la gratificación de los placeres de los sentidos, roba la naturaleza superior y el ser espiritual no se construye. Esta es la traición a Cristo, y tiene lugar constantemente en aquellos que viven para fines carnales y egoístas. Sin embargo, llega un momento en que Judas debe ser eliminado de la conciencia. La agonía mental y la crucifixión final de Jesús representan la eliminación total del falso ego, Judas.

"Muero cada día", dijo Pablo. El "yo" que muere cada día es la conciencia personal, formada por el miedo, la ignorancia, la enfermedad, el ansia de posesiones materiales, el orgullo, la ira y la legión de demonios que se agrupan en torno al ego personal. El único salvador es Jesucristo, el ego espiritual, o superconsciencia. Con nuestras propias fuerzas no podemos resolver el gran problema purificador, pero entregándonos totalmente a Cristo, y negando constantemente las exigencias del yo personal, crecemos hacia la Imagen Divina. Este es el proceso por el cual "cuando despierte, te veré cara a cara y quedaré satisfecho".

DECLARACIONES DE LIMPIEZA Y PURIFICACIÓN

(Para ser utilizadas en conexión con la lección 5)

Dios es bueno y Dios es todo; por lo tanto, me niego a creer en la realidad del demonio, o en el mal en cualquiera de sus formas.

Dios es vida y Dios es todo; por lo tanto, me niego a creer en la realidad de la pérdida de la vida, o la muerte.

Dios es poder y fuerza y Dios es todo; por lo tanto, me niego a creer en la ineficiencia y la debilidad.

Yo estoy en autoridad. Yo le digo a este pensamiento: "Ve, y va, y al otro, Ven, y viene" (Ver Mateo 8: 5-13)

Dios es sabiduría y Dios es todo; por lo tanto, me niego a creer en la ignorancia.

Dios es sustancia espiritual y Dios es todo; por lo tanto, no hay realidad en las limitaciones de la materia.

Dios es un recurso inagotable y Dios lo es todo; por lo tanto, me niego a creer en la realidad de la carencia o la pobreza.

Dios es amor y Dios es todo; por lo tanto, me niego a creer en el odio o la venganza.

Mejor es el lento para la ira que el poderoso, y el que domina su espíritu que el que toma una ciudad. (Proverbios 16:32).

LA PALABRA

En la metafísica pura, solo existe una palabra, la palabra de Dios. Esta es la Palabra creativa original, o pensamiento del Ser. Es el «Dios dijo» del Génesis. En el primer capítulo de Juan se la denomina Logos. No puede traducirse adecuadamente al español. En el original incluye sabiduría, juicio, poder y, de hecho, todas las potencialidades inherentes al Ser. Este Logos Divino estaba y está siempre en Dios; de hecho, es Dios como Poder creador. La Mente Divina crea bajo la ley; es decir, la ley mental. Podemos comprender el proceso creativo del Ser analizando la acción de nuestra propia mente. Primero está la mente, luego la idea en la mente de lo que será el acto, luego el acto mismo. En la Mente Divina la idea se denomina la Palabra.

De acuerdo con el Génesis y todos los demás escritos místicos relativos a la creación, la Mente Divina expresa su palabra y, a través de la actividad de esa palabra, se origina el universo El ser humano es la consumación de la palabra, y su espíritu tiene en sí la concentración de todo lo que contiene la palabra. Jesús es llamado la palabra de Dios.

"El Verbo se hizo carne y habitó entre nosotros, y vimos su gloria, gloria como del unigénito del Padre" (Juan 1:14).

Puesto que Dios es perfecto, su idea, su pensamiento, su palabra deben ser perfectos. El perfecto de Dios es el ser espiritual. A través del ser espiritual, o la palabra de Dios, todas las cosas son hechas, son traídas a la manifestación. "Y sin él nada de lo que ha sido hecho, fue hecho". La Palabra es el "unigénito" de Dios, porque solo hay una idea acerca del ser humano en la Mente Divina, y esa idea es el modelo perfecto del mismo.

En el primer capítulo de Juan se da a entender que hay cosas hechas que no se ajustan a los ideales divinos, por consiguiente no son reales. Las creaciones de la palabra de Dios son permanentes e incorruptibles. Como imitador de la Mente Divina, el individuo tiene poder para formar y manifestar todo lo que idealice; pero a menos que su pensamiento esté unificado con la Mente Divina y guiado en sus operaciones por la sabiduría infinita, sus formas de pensamiento son perecederas.

Los procesos mentales entran en todas las creaciones. La ciencia física ha descubierto que cada átomo tiene sustancia, fuerza e inteligencia; estas son las tres partes constituyentes de la mente. La mente es el único poder creativo y todo intento de explicar la creación desde cualquier otro punto de vista es inútil. Los procesos creativos de la mente operan continuamente; la creación está en marcha todo el tiempo, pero el plan original, el diseño en la Mente Divina, está terminado.

El individuo no puede saber cómo funciona el pensamiento, o la palabra, sino a través de su propia conciencia; en consecuencia, debe comprender, controlar y poner en orden su propia palabra, porque a través de ella comprende la Palabra de Dios. Nuestro estudio más importante, entonces, es nuestra propia conciencia. Los antiguos griegos reconocieron esto y escribieron sobre su templo: "Conócete a ti mismo". El Yo de la persona es espiritual, y cuando está en directa unidad consciente con la Mente original, tiene un poder formativo permanente. Incluso en su uso ignorante del pensamiento, la mente del individuo está formando condiciones, hasta el punto de cambiar la faz de la naturaleza misma. Cada pensamiento que sale del cerebro, envía vibraciones a la atmósfera circundante, y el reino de las cosas se mueve a la acción. El efecto es proporcional a la capacidad del pensador para concentrar sus fuerzas mentales. La vibración media del pensamiento no produce más que resultados temporales, pero bajo una intensa actividad se imprimen condiciones más o menos permanentes en la sensible placa del éter universal, y a través de ella, son llevadas a la manifestación física.

Toda idea originada en la Mente Divina se expresa en la mente del individuo; a través de su pensamiento, esa idea de la Mente Divina es llevada al plano exterior de la conciencia. En el propio organismo hay centros que responden a las ideas divinas, como un instrumento musical responde con simpatía a las vibraciones musicales. Luego, a través de otro movimiento en lo que se denomina el plano consciente, o plano de acción más externo, el pensamiento se expresa como la palabra hablada. En el ser humano consciente formado, o cuerpo, hay un punto de concentración para esta palabra y, a través de este punto, la palabra se expresa en vibraciones invisibles. Por ejemplo, en la base de la lengua hay un centro cerebral y, a través de él, la mente controla la laringe, la lengua y todos los demás órganos utilizados en la formación de las palabras. Siguiendo la ley creativa, de lo sin forma a lo formado, podemos ver cómo una idea fundamental en la Mente Divina es captada por el ego del individuo, cómo toma forma en su pensamiento y cómo se expresa más tarde a través de su palabra hablada. Si en cada paso de este proceso se ajustara a la ley creativa Divina, la palabra del individuo haría las cosas instantáneamente, como Jesús multiplicó los panes y los peces. Sin embargo, al haber perdido, en cierta medida, los pasos en este proceso creativo desde el interior hacia el exterior, hay muchas rupturas y condiciones anormales, más fracasos que éxitos en los resultados.

Sin embargo, cada palabra tiene su efecto, aunque no se vea ni se reconozca. Jesús dijo que debemos dar cuenta de "toda palabra ociosa" y una cuidadosa observación del poder de la mente en los hechos de cada individuo, prueba que esto es verdad. Lo que pensamos, generalmente lo expresamos con palabras, y nuestras palabras producen en nuestras vidas y nuestros asuntos lo que ponemos en ellas. Un pensamiento débil en la mente es seguido por palabras de debilidad. Por la ley de la expresión y de la forma, las palabras débiles cambian el carácter de todo lo que las recibe.

Los nervios son los cables que transmiten los mensajes de la mente a todas las partes del cuerpo y, siendo estas partes formaciones de pensamiento, llevan a cabo, a su vez, la palabra que se les ha dirigido. Hablar de nerviosismo y debilidad producirá esas condiciones en el cuerpo; mientras que, por el contrario, enviar la palabra de fuerza y afirmar el equilibrio de los nervios, producirá la fuerza y el equilibrio deseados. Hablar de un estómago débil hará que tu estómago se debilite. Hablar de lo malo que es tu hígado, fijará esa idea en tu hígado. La conversación habitual entre las personas crea enfermedad en lugar de buena salud, debido a las palabras equivocadas. Si las palabras son de enfermedad como una realidad, se pone en acción una vibración de fuerzas desintegradoras, y esto, al final, destroza el organismo más fuerte.

Como un ejemplo del poder vibratorio de la palabra hablada, un vocalista puede romper una copa de vino concentrando en ella ciertos tonos. Cada vez que hablamos hacemos que los átomos del cuerpo se estremezcan y cambien de lugar. No solo causamos que los átomos de nuestro propio cuerpo cambien su posición, sino que también aumentamos o disminuimos la frecuencia de vibración y de alguna manera afectamos a los cuerpos de otras personas con las que entramos en contacto. Al decirle al niño que parece enfermo y cansado, la madre produce estas condiciones en su mentalidad y en su cuerpo. Si la madre dirige al niño palabras de salud, vida y fuerza, estas pondrán en actividad sus funciones corporales, que a su vez expresarán la armonía del pensamiento dominante.

Por lo tanto, cada palabra produce según su especie. La "semilla" es la idea creativa inherente a la palabra, la naturaleza que hereda de su fuente original, Dios. El aficionado al cultivo floral, que cuida y habla cariñosamente a sus flores, siempre tiene éxito con ellas, mientras que su vecino, que es frío e indiferente, fracasa. Es la emanación mental y la palabra creativa lo que estimula la mentalidad receptiva de la naturaleza, y aunque el aficionado no sepa nada de la ley de la mente, la está utilizando en su modo más eficaz, la palabra creativa. De igual manera, el sanador mental habla mental y audiblemente al mismo receptor omnipresente y este responde reconstruyendo los tejidos dañados y las funciones debilitadas.

La mente está en todas partes, y sus vías de expresión se extienden en todas direcciones, como el éter de la telegrafía sin hilos. El maravilloso descubrimiento de que los mensajes pueden ser enviados alrededor de la tierra sin cables visibles, debería silenciar para siempre a aquellos que han sido incrédulos cuando se afirma la transferencia de pensamiento a través de un éter similar. Pero hay un transmisor de ideas aún más rápido y sutil que las vibraciones mentales, y es la unidad con la Mente Suprema. Esta Mente existe como lo Absoluto, lo ilimitado. En su conciencia no hay lejanía, ni separación, y quien se pone en su conciencia puede lograr cosas instantáneamente.

Cuando el centurión le dijo a Jesús: "Solamente di la palabra y mi criado sanará"; el Maestro dijo que en Israel no había encontrado a nadie que tuviera una fe tan grande, y su palabra sanadora fue: "Así como has creído, te sea hecho". Debemos tener una cierta cantidad de fe en la sustancia de lo invisible y en su capacidad para hacer nuestra voluntad. Cuando Pedro reconoció en Jesús ese principio interno llamado Cristo, el Hijo de Dios, la respuesta fue: "No te lo reveló la carne ni la sangre, sino mi Padre que está en el cielo". Seguramente el Padre estaba presente para Pedro, como lo estaba para Jesús, y el "cielo", donde Jesús dijo que estaba, también debe haber estado allí. El hecho es que el Ser está siempre presente. La ignorancia mortal y la falta de fe impiden que nos demos cuenta de esta verdad. Cuanto más creamos en la sabiduría, el poder, la sustancia, el amor y la vida de la Mente única, mayor será su actividad en nosotros y en nuestros asuntos. No solo debemos tener fe en la Omnipresencia, sino que también debemos desarrollar nuestra comprensión para que podamos saber por qué se manifiesta a través de nosotros. La ciencia física se adelanta hoy a la religión en su reconocimiento de una sustancia vital y una inteligencia universales. La religión busca a este poderoso creador lejos, en algún cielo distante, enfrentándose a la clara enseñanza de Jesucristo de que Dios es Espíritu, y que su reino está dentro nuestro.

No obstante, la ciencia física no logra reconocer la unidad entre la inteligencia omnipresente y el principio del conocimiento en el individuo. Intenta conocer intelectualmente, o desde el plano de las formas, lo que es de la mente. La ciencia física ha reconocido la presencia de las fuerzas creadoras, pero no conoce el poder que las mueve. La metafísica divina ha descubierto que el poder que las mueve es el pensamiento y la palabra de la persona, y está probando la verdad a través de resultados en una multitud de direcciones.

La palabra hablada lleva vibraciones a través del éter universal, y también mueve la inteligencia inherente en cada forma, animada o inanimada. Se ha descubierto que incluso las rocas y todos los minerales tienen vida. Esto es una prueba de la omnipresencia de la única sustancia animante. El ser humano, siendo la emanación más elevada de la Mente Divina, tiene un gran poder directivo y realmente coopera con Dios en la formación del universo. Deberíamos decir palabras de verdad a todo, no solo a la humanidad, sino también a los reinos mineral, vegetal y animal. El fino discernimiento del poeta revela que "las mismas piedras lloran" allí donde se ha producido una tragedia. Los éteres, que todo lo penetran, reciben nuestros pensamientos y palabras, como el cilindro de cera del fonógrafo, solo que con una precisión mil veces mayor; los conserva y como un eco regresan a nosotros en continuas vibraciones. No hay secretos, ni ocultamientos. Jesús dijo que lo que piensas y hablas en las habitaciones interiores, será proclamado desde las azoteas, y ahora sabemos por qué esto es verdad. Las mismas paredes de tu habitación, sí, incluso la sustancia de la atmósfera de esa habitación, está proclamando una y otra vez las palabras que has pronunciado allí, estés presente o no. Por ejemplo, una señora alquiló una habitación en cierta ciudad. Varias noches seguidas, justo cuando se dormía, escuchaba a un hombre que hablaba incoherencias sobre el mercado de granos. Esto continuó durante algún tiempo, y ella lo mencionó a la propietaria, quien le informó que la habitación había sido ocupada por última vez por un negociante de la junta de comercio.

Este poder de la Palabra se le da a la persona para que lo utilice. Cuanto mejor comprenda el carácter de Dios y su propia relación con la humanidad, más desinteresadamente ejercerá este poder. Algunos lo usan de manera egoísta, pero esto no debe disuadir a otros que tienen una mejor comprensión de la ley, de usarlo de manera justa. "Si pides algo al Padre en mi nombre, él te lo dará", es una promesa que nadie debería ignorar. Si necesitamos cosas, y son necesarias para nuestra felicidad, no es sacrílego poner en acción esta ley superior para alcanzarlas.

Las maldiciones de la bruja y las bendiciones del sacerdote siempre han sido creídas por la llamada gente ignorante y crédula. A la luz de la revelación moderna, la acusación de ignorancia debería trasladarse a los incrédulos. La palabra de alguien con autoridad tiene peso y produce efectos de gran alcance. La afirmación del médico de que una determinada enfermedad tiene consecuencias desastrosas para el paciente, cuando se cree, actúa como un obstáculo para todas las fuerzas curativas de la naturaleza. Un rasguño de alfiler ha dado lugar a un envenenamiento de la sangre, porque no se negó debidamente que tal resultado pudiera producirse.

El individuo tiene el poder de negar y disolver todas las palabras desintegradoras, discordantes y formadoras de enfermedades. El conocimiento de este hecho es el mayor descubrimiento de todas las épocas. Ninguna otra revelación de Dios puede compararse con ella. Puedes convertirte en una nueva criatura, y puedes construir el mundo a tu alrededor según tus más elevados ideales. No temas, más bien habla de los deseos de tu corazón a la ley Suprema. Si tu palabra es egoísta, lo que te llegue a través de su uso será insatisfactorio, pero sacarás provecho de la experiencia y así aprenderás a pronunciar solo palabras de justicia. Pero es tu deber, como expresión de la Ley Divina, pronunciar el Logos, la misma Palabra de Dios, y hacer que el Jardín del Edén, la Mente-Sustancia siempre presente, manifieste su perfección innata.

EL PODER DE LAS PALABRAS

(Para ser utilizado en conexión con la lección 6)

La muerte y la vida están en poder de la lengua.
(Proverbios 18:21)

El que guarda su boca guarda su alma.
(Proverbios 13:3)

El que guarda su boca y su lengua, guarda su alma
de angustias. (Proverbios 21:23)

La boca del necio es su ruina, y sus labios una
trampa para su alma. (Proverbios 18:7)

¿Ves a un hombre precipitado en sus palabras? Más
esperanza hay para el necio que para él.
(Proverbios 29:20)

En la transgresión de sus labios se enreda el
malvado, pero el justo escapará del apuro.
(Proverbios 12:13)

En la boca del necio hay una vara para su espalda,
pero los labios de los sabios los protegerán.
(Proverbios 14:3)

Aparta de ti la perversidad de la boca y aleja de ti la
iniquidad de los labios. (Proverbios 4:24)

Evita las palabrerías vacías y profanas, porque
conducirán más y más a la impiedad, y su palabra
se extenderá como gangrena (2 Timoteo 2:16-18)

El que quiere amar la vida y ver días buenos, refrene su lengua de mal y sus labios no hablen engaño. (1 Pedro 3:10)

Al que ordene sus conversaciones rectamente yo le mostraré la salvación de Dios.
(Salmo 50:23 - Versión King James)

¿Quién es el hombre que desea vida y quiere muchos días para ver el bien? Guarda tu lengua del mal y tus labios de hablar engaño.
(Salmos 34:12-13)

Pero yo les digo que de toda palabra vana que hablen los hombres, darán cuenta de ella en el día del juicio. Porque por tus palabras serás justificado, y por tus palabras serás condenado.
(Mateo 12:36-37)

ESPIRITUALIDAD; O ALABANZA Y ORACIÓN

Mediante el empleo de muchos símbolos, la Biblia describe al ser humano en su totalidad: espíritu, alma y cuerpo. Los símbolos utilizados son personas, lugares, tiendas, templos, etc. El nombre de cada persona mencionada en la Biblia tiene un significado representativo del carácter de esa persona. Los doce hijos de Jacob representan las doce facultades fundamentales del individuo. El nombre de cada uno de estos hijos, correctamente interpretados, da el desarrollo y el oficio de su facultad particular en la asociación trina; es decir, su relación con la conciencia en el espíritu, en el alma y en el cuerpo. Por ejemplo, cuando nacieron los hijos de Jacob, sus madres revelaron el carácter de la facultad que representaban. Esto se expone en los capítulos vigesimonoveno y trigésimo del Génesis.

Sobre el nacimiento de Rubén está escrito: "Y concibió Lea y dio a luz un hijo, y le puso por nombre

Rubén, pues dijo: Por cuanto el Señor ha visto mi aflicción, sin duda ahora mi marido me amará". El énfasis está sobre la palabra "ha visto", y remitiéndonos a la Concordancia, encontramos que el significado del nombre Rubén es: "Uno que ve; visión del sol". Queda claro que esto se refiere a la visión.

"Concibió de nuevo y dio a luz un hijo, y dijo: Por cuanto el Señor ha oído que soy aborrecida, me ha dado también este hijo. Así que le puso por nombre Simeón". Aquí el énfasis está en la palabra "ha oído", y encontramos que Simeón quiere decir: "El que escucha u obedece, es decir, oye". Esto se refiere a que trae el oír.

"Y ella concibió otra vez y dio a luz un hijo, y dijo: Ahora mi esposo se unirá más a mí, porque ya le he dado tres hijos. Así que le puso por nombre Leví". Leví significa unidad, que en el cuerpo es sentir; en el alma es compasión y en el Espíritu es amor. Entonces, cada una de estas doce facultades en el ser humano completo funciona en este triple grado.

Lo que aquí se describe como los doce hijos de Jacob es la primera manifestación, o manifestación natural, de las facultades. Una expresión más elevada de las facultades se alcanza en los doce discípulos de Jesucristo. Simón Pedro es el oído y la fe unidos. Juan es el sentimiento y el amor unidos. Cuando creemos lo que oímos, se forma en nosotros la sustancia de la Palabra, que es Pedro, una roca, un fundamento seguro.

"La fe viene del oír, y el oír por la Palabra de Cristo" (Romanos 10:17)

La Biblia es un libro maravilloso a medida que la persona se desarrolla en la comprensión espiritual, se le revela, y ve por qué la gente la ha venerado y la ha llamado sagrada. Es una exposición profunda de las leyes mentales, y es también un tratado sobre el verdadero estado fisiológico del cuerpo. Muestra que el organismo humano es mente en acción, más que un agregado de funciones puramente materiales. Pero, sobre todo, la Biblia explica el carácter espiritual del ser humano y las leyes que rigen su relación con Dios. Estas se exponen simbólicamente como estados de conciencia, ilustrados por parábolas y alegorías. Al referirse a la historia de Sara y Abraham, Pablo dice: "Lo cual es una alegoría" (Gálatas 4: 24). De Jesucristo está escrito: "Todo esto habló Jesús en parábolas a las multitudes, y nada les hablaba sin parábola, para que se cumpliera lo que fue dicho por medio del profeta, cuando dijo: Abriré mi boca en parábolas; hablaré de cosas ocultas desde la fundación del mundo". Jesucristo fue él mismo una parábola; su vida fue una alegoría de las experiencias por las que pasa el individuo en su desarrollo de la conciencia natural a la espiritual. De ahí que la Biblia y los profetas solo puedan ser comprendidos por quienes llegan mentalmente al mismo lugar en que se encontraban los escritores cuando emitieron sus mensajes. Se requiere la misma inspiración para leer las Escrituras que la que se requirió originalmente para recibirlas y escribirlas.

En el vigésimo noveno capítulo del Génesis leemos de Lea, mujer de Jacob: "Concibió una vez más y dio a luz un hijo, y dijo: Esta vez alabaré al Señor; así que le puso por nombre Judá, y dejó de dar a luz". El significado hebreo de la palabra "Judá" es alabanza. En el Espíritu, la alabanza o la oración, la facultad de Judá, acumula ideas. En la conciencia de los sentidos esta facultad se llama codicia; acumula cosas materiales y cuando el yo es dominante, "tiene un demonio". Este es Judas.

Cada una de las doce facultades tiene un centro y un lugar de expresión definido en el cuerpo. La fisiología ha designado estos lugares de las facultades como cerebro y centros nerviosos. La percepción espiritual revela que son agrupaciones de ideas, pensamientos y palabras. Los pensamientos crean células, y los pensamientos de carácter semejante se reúnen en el cuerpo por la misma ley que atrae a las asambleas y comunidades a personas de ideas afines. El ser intelectual se centra en la cabeza; el ser afectivo vive en el corazón; el ser sensual se expresa a través del abdomen. Las actividades de estas regiones indicadas se subdividen en una multitud de funciones, todas necesarias para la construcción del ser manifiesto, tal como está concebido en la Mente Divina.

En el ápice mismo del cerebro hay un centro ganglionar, que podemos denominar el trono de la reverencia o la espiritualidad. Es aquí donde el individuo se comunica con la inteligencia de la Mente Divina. Este centro es el lugar o "habitación superior" de una conciencia espiritual, designada en las Escrituras como Judá. Su oficio es orar y alabar. La facultad de Judá abre el portal de ese reino misterioso llamado superconsciente, donde el pensamiento está impregnado de una cualidad elevada y trascendente. Todos los nobles ideales, toda la inspiración que eleva e idealiza en la religión, la poesía, el arte, se originan aquí. Es el reino de lo real y verdadero en todas las cosas.

La importancia de Judá está indicada por su lugar en la familia de Jacob y Lea. Jacob, el suplantador, estaba comprometido con Raquel, oveja en hebreo. En el momento del desposorio, el padre de Raquel sustituyó a la novia pactada por su hija mayor, Lea. Lea significa cansada. El primer hijo de Lea fue la visión; el cansancio vio la luz del espíritu. El segundo hijo fue el oír; ella fue capaz de recibir la Palabra. El tercer hijo fue la unión; ella se fusionó con lo ilimitado. El cuarto hijo fue la alabanza. Después del nacimiento de Judá, Lea "dejó de dar a luz". La alabanza es el complemento de la visión, el oído y la unión. Es la redención del cansancio y de ella surge el Mesías, el Ungido, el Salvador del mundo.

En lugar de una súplica, la oración debe ser una jubilosa acción de gracias. Este método de oración acelera la mente milagrosamente y como un poderoso imán atrae esas cualidades espirituales que transforman al individuo entero cuando se expresan en la mente, el cuerpo y los asuntos.

La espiritualidad es una de las facultades fundamentales de la mente. Es la conciencia que relaciona al individuo directamente con la Mente-Padre. Se aviva y amplía mediante la oración y otras formas de pensamiento y culto religioso. Cuando rezamos miramos hacia arriba desde nuestro interior, no porque Dios esté en el cielo, sino porque este centro espiritual en la parte superior de la cabeza se activa, y nuestra atención es naturalmente atraída hacia él.

La oración es natural en el individuo y debe cultivarse para perfeccionar su carácter. La oración es el lenguaje de la espiritualidad; cuando se desarrolla, hace que la persona domine el reino de las ideas creativas. Para obtener resultados del uso de esta facultad, se debe mantener el pensamiento correcto, aquí como en cualquier otra parte. Orar creyendo que la oración puede o no ser respondida según la voluntad de Dios, es fallar el blanco. Es una ley mental que toda idea se cumple tan pronto como se concibe. Esta ley es válida en el reino espiritual.

"Todas las cosas por las que oren y pidan, crean que ya las han recibido, y les serán concedidas".

A la luz de la acción mental, la ley expresada en estas palabras es clara. La fe implícita es absolutamente necesaria para la respuesta infalible a la oración. Si oramos pidiendo una realización futura, formamos ese tipo de estructura de pensamiento en la conciencia, y nuestras oraciones siempre estarán esperando ese cumplimiento futuro que hemos ideado. Si oramos pensando que no merecemos las cosas que pedimos, estos pensamientos falsos e indefinidos se llevan a cabo y nos hacen mirar la oración con duda y sospecha. A esto se le llama la oración de la fe ciega, pero no es la que usó Jesús, porque sus oraciones fueron respondidas.

No se debe inferir que la voluntad de la Mente Divina deba ser dejada de lado en la oración; debemos orar para que la voluntad de Dios entre en nosotros y se convierta en un factor determinante en nuestras vidas. "No se haga mi voluntad, sino la tuya", oró Jesús. El Padre no nos quita nuestra voluntad, sino que nos da la máxima libertad en el ejercicio de la facultad volitiva, y también nos imparte una comprensión de la ley a través de la cual podemos crear cualquier condición que deseamos. "Todo lo que pidan en mi nombre, lo haré", se convierte en nuestra certeza.

Uno de los oficios de la espiritualidad es agregar ideas. A través de esta acción, la persona puede atraer ideas absolutamente verdaderas de la Mente universal. De este modo, la oración es acumulativa; acumula sustancia espiritual, vida, inteligencia; acumula todo lo necesario para la expresión más elevada del individuo. Cuando oramos en entendimiento espiritual, este reino más elevado de la mente entra en contacto con la Mente universal, impersonal; la mente de Dios se une a la mente del individuo. Dios responde a nuestras oraciones en ideas, pensamientos, palabras, estas se traducen en los reinos exteriores, en tiempo y condición. Por lo tanto, es importante que oremos con comprensión de la ley, importante que siempre demos gracias porque nuestras oraciones han sido respondidas y cumplidas, independientemente de las apariencias. Cuando Jesús multiplicó los panes y los peces, oró, bendijo y dio gracias. Con la comprensión y el reconocimiento de la relación entre la idea y el cumplimiento de la idea, superó los lentos procesos de la naturaleza, y los panes y los peces se multiplicaron rápidamente. Tal vez no podamos alcanzar de inmediato este rápido empleo de la ley, pero nos aproximaremos a él y aceleraremos los procesos naturales, cuanto más acerquemos nuestra idea a la perfección del reino de las ideas.

La alabanza está estrechamente relacionada con la oración; es una de las vías por las que se expresa la espiritualidad. Por una ley inherente a la mente, aumentamos lo que alabamos. Toda la creación responde y se alegra con la alabanza. Los adiestradores de animales acarician y recompensan a sus animales con golosinas por sus actos de obediencia; los niños brillan de alegría y felicidad cuando se les elogia. Incluso la vegetación crece mejor para quienes la aprecian. Podemos alabar nuestra propia capacidad, las células cerebrales se expandirán y aumentarán en capacidad e inteligencia cuando les dirijamos palabras de aliento y aprecio.

"Lo que se ve no fue hecho de cosas visibles" (Hebreos 11:3)

Existe una sustancia-pensamiento invisible sobre la cual actúa la mente, creando cosas mediante una ley que aún no se comprende del todo. Cada pensamiento se mueve sobre esta sustancia invisible en grado creciente o decreciente. Cuando alabamos la riqueza y la opulencia de nuestro Dios, esta sustancia-pensamiento aumenta tremendamente en nuestra atmósfera mental; se refleja en todo lo que tocan nuestra mente y nuestras manos. Cuando las cosas comunes se impregnan de nuestra conciencia de la sustancia Divina, se transforman según nuestros ideales. Aplicando con perseverancia la facultad de Judá, una propuesta comercial fallida puede convertirse en un éxito. Incluso las cosas inanimadas parecen recibir la palabra de alabanza, respondiendo en ordenada obediencia cuando, antes, habían parecido ser incontrolables. Una señora aplicó la ley a su máquina de coser, de la que afirmaba que estaba en mal estado. Dice que después no le dio ningún problema. Un operador de linotipo testificó que recibió cierto tratamiento espiritual que le dio un sanador a cierta hora, y que su linotipo, que había estado funcionando mal, de inmediato funcionó de forma armoniosa. Una señora, que vivía en una ciudad rural, tenía una alfombra en el piso de su salón, durante años había esperado poder reemplazarla por una mejor. Ella escuchó habar sobre esta ley y comenzó a elogiar la vieja alfombra. Al cabo de dos semanas, para su gran sorpresa, recibió una alfombra nueva de una fuente inesperada. Estos son algunos ejemplos sencillos de las posibilidades latentes en la alabanza. No importa si los cambios se produjeron en las cosas inanimadas o en las personas que las trataban, lo importante es que se alcanzó el fin deseado.

Dirige tu alabanza hacia lo que quieres aumentar, alábalo. Da gracias porque ahora se está cumpliendo tu ideal. La ley, fielmente observada, te recompensará. Puedes alabarte y pasar de la debilidad a la fortaleza; de la ignorancia a la inteligencia; de la pobreza a la opulencia; de la enfermedad a la salud. El pequeño muchacho con unos pocos panes y peces proporcionó la semilla que, a través de la oración y la acción de gracias de Jesús, aumentó lo suficiente para alimentar a cinco mil personas.

Si no recibimos respuesta a nuestras oraciones es porque no hemos cumplido plenamente con la ley. "Pides y no recibes, porque lo pides mal" (Santiago 4:3). Esto no significa que le pedimos a Dios cosas que no necesitamos, sino que erramos en el método de pedir, nuestra relación con la Mente Divina no está en armonía con la ley; el fallo no está en Dios, sino en nosotros. Por lo tanto, nunca debemos desanimarnos, sino, como Elías, persistir hasta que nuestras oraciones sean respondidas.

Todas las causas que producen resultados permanentes se originan en el Espíritu. La espiritualidad, la fe y el amor son facultades otorgadas por Dios, y cuando somos elevados en conciencia a su plano, actúan naturalmente bajo una ley espiritual que no podemos comprender. Existe una ley de la oración, eventualmente las personas la reconocerán y la aplicarán, como lo hacen ahora con las leyes de las matemáticas o de la música. Jesús dijo: "Todo lo que pidan en mi nombre, lo haré". Pedimos "en su nombre" cuando oramos en la conciencia de Jesús del Espíritu universal. Él alcanzó la unidad con la Mente Divina y se dio cuenta de que sus pensamientos y palabras no provenían de sí mismo, sino de Dios. Cuando oramos en su nombre, entramos en su unidad con el Padre y alcanzamos la misma conciencia.

Dios es la Mente siempre-presente y permanente. Para sentir a Dios, debemos aquietar nuestros pensamientos externos y entrar en la quietud, la paz y la armonía del Espíritu.

"Cuando ores, entra en tu aposento, y cuando hayas cerrado la puerta (conciencia externa) ora a tu Padre que está en secreto, y tu Padre, que ve en lo secreto, te recompensará abiertamente". (Mateo 6:6).

Si establecemos una conexión adecuada con la Mente Divina en este reino de los cielos dentro de nosotros, el Padre responderá con seguridad a nuestras oraciones. No nos negará nada bueno si cumplimos con la ley del pedir correcto. "Quédate quieto y sabrás que Yo Soy Dios".

PALABRAS VIVAS PARA AVIVAR LA ESPIRITUALIDAD

El espíritu es el que da vida; la carne para nada aprovecha.

La letra mata, más el espíritu hace vivir.

Las palabras que yo he hablado son espíritu y son vida.

Debes nacer de arriba.

Yo Soy la luz del mundo; tú eres la luz del mundo.

Hagan brillar su luz delante de todos, para que ellos puedan ver las buenas obras de ustedes, y glorifiquen al Padre que está en los cielos.

Yo soy la luz que alumbra a todo hombre que viene a este mundo.

Mi entendimiento está iluminado por el Espíritu. Yo soy la luz de mi conciencia.

Yo reconozco a Dios en todo momento como la única fuente de mi entendimiento.

¡Levántate, resplandece!, porque ha venido tu luz, y la gloria del Señor ha nacido sobre ti.
La gloria del Señor ha nacido sobre mí y camino a la luz de la vida.

Mi cuerpo es el templo del Dios viviente, y la gloria del Señor llena el Templo.

Cristo dentro de mí es mi gloria. El resplandor de su presencia echa fuera todas las tinieblas del error, y todo mi cuerpo está lleno de luz.

El que ama a su hermano permanece en la luz, y en él no hay tropiezo.

El Señor es mi luz y mi salvación; ¿a quién temeré? El Señor es la fortaleza de mi vida; ¿de quién tendré miedo?

Entonces tu luz despuntará como la aurora, y tu recuperación brotará con rapidez.

ESTABLECIENDO LA SUSTANCIA PERFECTA

(Para ser utilizado en conexión con la lección 7)

Y Dios creó al hombre a su propia imagen, a imagen de Dios lo creó; varón y hembra los creó. (Génesis 1:27).

Mi perfección ahora está establecida en la Mente Divina.

Por tanto, sean perfectos, así como su Padre celestial es perfecto. (Mateo 5:48)

Viendo la perfección en todas las cosas, ayudo a manifestarla "Yo debo ocuparme de los asuntos de mi Padre".

La carne corruptible se transforma en incorruptible al verla perfecta y pura en Cristo.

Yo veo en mi mente ese carácter perfecto que deseo ser, y así planto la semilla-pensamiento, que hace surgir al ser perfecto.

Pero todos nosotros, con el rostro descubierto, contemplando como en un espejo la gloria del Señor, estamos siendo transformados en la misma imagen de gloria en gloria, como por el Señor, el Espíritu. (2 Corintios 3:18).

Cuando Cristo, quien es nuestra vida, sea manifestado, entonces ustedes también serán manifestados con él en gloria (Colosenses 3: 4).

LA FE

La fe es la sustancia de las cosas esperadas; la evidencia de las cosas que no se ven. Por la fe entendemos que el universo fue formado por la Palabra de Dios, de modo que lo que se ve fue hecho de lo que no se veía (Hebreos 11: 1-3).

En el undécimo capítulo de Hebreos, Pablo pone en lo alto de la montaña los logros de la fe. Por la fe, Enoc fue trasladado para no ver muerte. Por la fe, Noé preparó un arca para salvar su casa. Por la fe, Abraham, siendo probado, ofreció a su hijo Isaac. Por la fe, Moisés, cuando nació, fue escondido tres meses por sus padres. Por la fe, cayeron los muros de Jericó ¿Debo decir más? Porque me faltaría tiempo si hablara de Gedeón, Barac, Sansón, Jefté; de David y Samuel, y los profetas: que por la fe sometieron reinos, hicieron justicia, alcanzaron promesas, detuvieron las bocas de los leones, apagaron el poder del fuego, escaparon del filo de la espada, de la debilidad se hicieron fuertes, se hicieron poderosos en la guerra, pusieron en fuga ejércitos de extranjeros, y las mujeres recibieron a sus muertos mediante una resurrección.

La idea de que la fe es algo que tiene que ver solo con la experiencia religiosa, es incorrecta. La fe es una facultad de la mente que encuentra su expresión más perfecta en la naturaleza espiritual, pero para que se manifieste en todo su carácter debe desarrollarse en todas sus fases.

Es evidente que se trata de un poder. Las personas que tienen fe en sí mismas logran mucho más que las que no creen en su propia capacidad. Llamamos a esta fe en uno mismo confianza innata, pero la confianza es solo una forma de fe. La creencia es otra de las expresiones de la fe. Aparentemente, Jesús no hizo distinción entre fe y creencia. Él dijo: "¿Creen que puedo hacer esto?" y "Cualquiera que no dude en su corazón, sino que crea que lo que dice va a suceder, le será concedido". En un análisis de las partes constituyentes de la conciencia humana, localizamos la creencia en la mentalidad, funcionando en el ámbito del pensamiento, sin contacto con la sustancia más del espíritu sobre la cual se funda la verdadera fe.

En el espíritu, la fe está relacionada con lo que Pablo llama sustancia o certeza. Jesucristo utilizó la misma ilustración cuando se refirió a Pedro, un tipo de fe, como la Roca sobre la que fundó su iglesia. He aquí la prueba de que la fe está estrechamente vinculada a las formas duraderas, firmes e inquebrantables de la sustancia terrestre, con una calidad de poder adicional para hacer y producir resultados en los asuntos de aquellos que la cultivan.

Al igual que las demás facultades, la fe tiene un centro a través del cual actúa y expresa externamente sus poderes espirituales. Los fisiólogos llaman a este centro glándula pineal, y lo sitúan en la parte superior del cerebro. Mediante la meditación se ilumina la mente interna y se recibe más de lo que se puede expresar con palabras. Solo aquellos que han fortalecido estas facultades interiores pueden apreciar las maravillosas posibilidades no desarrolladas en el individuo. El fisiólogo ve las facultades como células cerebrales; el psicólogo las ve como combinaciones de pensamientos, pero la mente espiritual las contempla como ideas puras, no relacionadas, libres, con todo el potencial.

La fe puede extenderse en la conciencia en todas direcciones y lograr cosas maravillosas si se estimula y se le permite libre expresión en su reino nativo. Cuando Jesús dijo: —«Les aseguro que si tienen fe como un grano de mostaza, dirán a este monte: "Pásate de aquí allá", y se pasará; y nada les será imposible»— se refería a la fe que actúa en la conciencia espiritual. Tales resultados solo son posibles para la fe que coopera con la ley creativa. Cuando la fe es plantada en las cosas externas, los resultados no son dignos de mencionar. La gente los ha llamado suerte, accidente, casualidad, etc. Parecen funcionar por un tiempo y luego cambian repentinamente, mostrando que no están bajo ninguna ley duradera.

Cuando la fe se refleja en el ámbito intelectual, los resultados suelen ser provechosos para la persona ingeniosa. Si tiene fe en su arte, o en su ciencia, o en su filosofía, responde a su propósito, al menos por un tiempo. Pero aquí nunca va más allá de las tradiciones y experiencias precedentes. Las personas intelectuales no obran milagros por la fe, porque siempre la limitan, lo que el intelecto dice es ley. Cuando la fe se ejerce en lo profundo de la conciencia espiritual es cuando encuentra su lugar correcto, y aquí, bajo la Ley Divina, sin variación ni decepción, trae resultados aparentemente milagrosos.

La fe siempre ha tenido un sitio muy importante en las experiencias de las personas religiosas, porque le han dado campo libre, esperando grandes cosas del Señor a través de ella. Pero casi todas las manifestaciones de fe han sido el resultado de una especie de confianza ciega en que Dios llevaría a cabo lo que se le pidiera. A veces el peticionario quedaba decepcionado, y una serie de decepciones solía llevar a la duda y a la conclusión de que, de alguna manera, Dios había cambiado su ley. Jesús y sus discípulos enseñaron a los primeros cristianos a tener fe en Dios, e hicieron obras maravillosas, consideradas milagrosas. A medida que pasó el tiempo y su atención fue cada vez más atraída hacia las cosas mundanas, los posteriores cristianos se fueron separando de las fuerzas espirituales internas y su fe perdió su energía. Entonces empezaron a enseñar que los milagros ya no eran necesarios; que Dios se los había dado a los primeros cristianos porque no tenían la Biblia ni una iglesia organizada. También enseñaron que los milagros fueron dados para probar que Jesús era el Hijo de Dios.

Ahora tenemos una comprensión más completa de la ley de Dios y sabemos que todo lo que alguna vez se ha hecho se puede hacer nuevamente, bajo condiciones similares. Si Jesús y sus discípulos, y los primeros cristianos hicieron cosas maravillosas a través de la oración de fe, nosotros podemos hacerlas. Todo lo que se requiere es persistencia en nuestro uso de la fe hasta que nos conectemos con los reinos superiores de la conciencia, donde, como dijo Jesús, aunque nuestra fe sea tan pequeña como la más pequeña de las semillas, brotará y demostrará su poder para llevar a cabo cada deseo que pongamos en ella. "Nada te será imposible" si tu fe está en Espíritu y tu trabajo está en armonía con la Mente Divina.

La religión cristiana ha sido un factor importante en el desarrollo de la fe en los reinos internos del ser humano. "Bienaventurados los que no vieron, y creyeron". El poder de ver en Espíritu es peculiar de la fe. En su expresión externa es la vista; interiormente es aquello que percibe la realidad o sustancia del Espíritu. La visión mental es saber; cuando percibimos la verdad de una proposición, decimos: "Veo, veo", lo que significa que discernimos mentalmente.

La fe en la realidad de las cosas espirituales desarrolla el centro de la fe en el cerebro, llamado glándula pineal. Cuando este ojo embrionario se ilumina con la fe espiritual, arroja un resplandor como un halo alrededor de la cabeza, el cual se extiende en grado decreciente a través de todo el cuerpo.

"Si tu ojo está sano, todo tu cuerpo estará lleno de luz" (Mateo 6:22).

El halo, que los primeros artistas pintaban alrededor de las cabezas de los santos, no era imaginario, sino real. Este poder iluminador de la fe cubre toda la constitución del ser humano y lo hace dueño de todas las fuerzas que giran en torno a la conciencia espiritual. La fe y la oración van de la mano.

"Tú tienes fe; tenla contigo delante de Dios. Bienaventurado el que no se condena a sí mismo con lo que aprueba" (Romanos 14:22).

Ten fe en lo que haces, y una vez hecho no te condenes. Todos buscamos felicidad, satisfacción, y sabemos por experiencia que somos felices cuando estamos en sintonía con nuestro entorno. Hay una gran variedad de ideas que nos causan desarmonía. Pensamos que si tenemos dinero y amigos podemos ser felices; pero no son las cosas las que hacen la felicidad. Es nuestra actitud mental hacia las cosas lo que fija nuestra relación con ellas, y cuanto mejor comprendamos la sustancia innata del mundo a nuestro alrededor, más lo apreciaremos.

La fe es siempre activa, y debe convertirse en la verdadera sustancia de toda idea. Debemos tener fe en nuestro propio poder, capacidad y habilidad, y para tener esta fe nuestros pensamientos deben estar centrados en la gran Mente Universal. El éxito está en Dios. Todo lo que no sea de fe es pecado; entonces, todo lo que es de fe no es pecado. Este es el nuevo estándar de justicia para aquel que se reviste de Cristo. Es su coraza, su protección mientras asciende al conocimiento del bien absoluto. Pecar es fallar al blanco, y fallamos al no tener fe.

Para el que espera tener éxito en la demostración de la ley superior, es absolutamente necesaria la fe en la realidad, el poder y la voluntad de las fuerzas mentales y espirituales. Jesús fue el heraldo de un conjunto de leyes que revolucionarán toda la civilización de este mundo y que producirán un nuevo tipo superior de ser humano. Él llamó a esta nueva condición para la elevación de la raza, el "Reino de los Cielos", y dijo que debe construirse sobre los cimientos tipificados por Pedro (una roca), que es la fe. El desarrollo de la facultad de la fe en la mente es tan necesario para el trabajador de los principios espirituales como lo es el desarrollo de la facultad matemática en el trabajador de las matemáticas. Ninguna de estas facultades llega a la conciencia completamente formada, sino que crecen mediante el cultivo. "Aumenta nuestra fe", dijeron los discípulos, y Jesús respondió: "Tengan fe en Dios".

Todos los lectores de las Escrituras reconocen a Pedro como un tipo de fe. Estudiando sus experiencias, podemos obtener sugerencias sobre el desarrollo de esa facultad en nosotros mismos. La fluctuante lealtad de Pedro hacia Jesús ilustra el crecimiento de la fe en alguien que no ha desarrollado esa facultad. La fe y la duda se disputan la supremacía en Pedro, y nos preguntamos por qué Jesús elegiría como discípulo principal a este pescador vacilante, débil y cobarde. Pero observamos que Pedro era entusiasta; en ocasiones audaz; receptivo y paciente bajo la reprensión. Nunca había caminado sobre las aguas, pero cuando Jesús le dijo: "Ven", salió audazmente a su encuentro. La duda se apoderó de su mente y se hundió; pero la mano amiga le fue tendida y la experiencia le fortaleció. Este y muchos otros ejemplos de la historia de Pedro muestran cómo crece la fe en la mente, y no debemos desanimarnos si nuestros primeros esfuerzos no alcanzan el objetivo deseado.

Con frecuencia, un poco de fe produce resultados sorprendentes. Las fuerzas invisibles están mucho más cerca de lo que pensamos, y cuando dirigimos nuestra atención en su dirección, la respuesta suele ser tan pronunciada y tan rápida que no podemos dejar de sentir que ha sido un milagro. Un conocimiento más íntimo de la ley Divina nos convence de que bajo ella todas las cosas son posibles si tan solo creemos y, al mismo tiempo, conformamos nuestros pensamientos a su principio.

Pedro (fe), Santiago (juicio) y Juan (amor) fueron los tres discípulos que estaban muy cerca de Jesús, y ellos son más prominentes en su historia que todos los demás. Esto indica que estas tres facultades se desarrollan antes que las demás, también que están estrechamente asociadas. La comprensión nos revela que Dios es un Principio-Mente cuyo fundamento son las ideas. Cuando nos damos cuenta de este carácter del Principio creador, vemos lo fácil que es entrar en comunión con Dios. A través de esta comunión, casi inconscientemente fortalecemos la fe, y encontramos que una facultad ayuda a otra a crecer. Pero debe haber espacio para crecer, y el espacio lo hace el amor. El egoísmo es limitación; encierra al individuo en una pequeña prisión llamada personalidad. La única manera de ampliar el carácter y dar lugar a todas las facultades es mediante el amor. El amor amplía el campo de la conciencia nivelando los pensamientos de enemistad y oposición. Hazte rápidamente amigo de todos tus adversarios, ya sean personas, pensamientos o cosas.

Constantemente estamos creando condiciones a través de nuestros pensamientos. Algunas personas declaran que todo está en su contra. Si pierden un coche, dicen: "Siempre pasa lo mismo", y construyen ese estado mental en el que todo parece contrario a ellos. En toda nuestra vida no debemos condenar nada de lo que venga a nosotros y nada de lo que hacemos. Conocemos la ley; vamos a cumplirla, y no establezcamos ninguna condición adversa con nuestros pensamientos de condenación. Hagas lo que hagas, sé feliz en ello. Si obtienes malos resultados, no creas en un Dios enfadado. Estás obteniendo el resultado de tus actos, de acuerdo con tu fe. Sé sabio; no pronuncies nada malo, y solo vendrá lo bueno. ¿Debemos llamar a todo bueno? Sí. Si el salvaje conociera esta ley, podría elevarse a una conciencia superior por ella. Salimos del salvajismo viendo el bien.

Ten fe en la bondad innata de todas las personas y todas las condiciones. No condenes, no importa qué tan grande sea la provocación. Lo que piensas, lo creas en tu propia conciencia. Amplía tu campo de visión y podrás ver el bien en lo que ahora parece mal. Dios es bueno y Dios es todo, por lo tanto, no puede haber otra condición real que el bien. ¿Por qué deberíamos perder el tiempo luchando contra el mal? Si construimos nuestro carácter sobre la fe, el entendimiento y el amor, con el gran Yo Soy como centro focal, nos convertiremos en los pilares del Templo de Dios.

AFIRMACIONES DE FE

(Para ser utilizadas en conexión con la lección 8)

La fe es la sustancia de lo que se espera, la evidencia de las cosas que no se ve (Hebreos 11:1).

Sostener continuamente la realidad de las cosas espirituales, las establece en la mente, se convierten en sustancia mental.

Yo creo en la presencia y el poder de la Mente Única, y es inteligencia sustancial para mí.

De acuerdo a tu fe, te será hecho. (Mateo 9:29)

Mis dudas y temores se disuelven y disipan; en confianza y paz descanso en tu ley inmutable.

Grande es tu fe; hágase contigo como quieres. (Mateo 15:28)

Con los ojos de mi mente, veo cada vez más la realidad de las ideas verdaderas siempre existentes en el Principio Divino.

Yo creo; ayúdame en mi incredulidad. (Marcos 9:24)

Jesús dijo: "Ten fe en Dios". (Marcos 11:22)

Yo soy salvado del dolor y la tristeza gracias a mi inquebrantable fe en la protección y el cuidado de Dios.

Señor, aumenta nuestra fe. (Lucas 17:5)

Mi fe crece día a día porque está plantada en la verdad, y a través de ella todas las montañas del error mortal son removidas al mar de la nada.

El entendimiento del Espíritu aclara mi fe.

Yo conozco a aquel en quien he creído. Estoy convencido de que puede, de que está dispuesto, de que desea darme todo lo que le pido. Mi fe comprende la belleza de la totalidad. Mi fe es de Dios y en Dios.

Ve, tu fe te ha salvado. (Marcos 10:52)

LA IMAGINACIÓN

Se dice que las enseñanzas sobre las cosas del Espíritu, son místicas. Nos han parecido así porque no hemos llegado a la conciencia de las muchas facultades necesarias para comprender el Espíritu. Victor Hugo dijo: "No hay verdades ocultas ni escondidas; todo es luminoso con la mente". Por lo tanto, en el estudio de la Verdad, lo que se llama misterioso y oculto es simplemente una serie de hechos que aún no se han explorado. Cuando la persona expande su mente y abarca un horizonte más amplio, ve la relación de una multitud de leyes hasta ahora desconocidas, las cuales, desde su limitado punto de vista anterior, parecían misteriosas.

La mente se manifiesta a través de facultades y, para comprender cada vez más, debe haber un aumento de estas vías. Que el ser humano tiene posibilidades latentes no admite discusión, y que exista un límite a la capacidad de la mente es impensable. Lo que una persona imagina que puede hacer, eso puede hacer. Es una cuestión de hacerlo de la manera correcta. Dejar que la imaginación se pierda en ensoñaciones nunca conduce a nada. Las ideas deben convertirse en cosas vivas, que respiren y piensen. Las vagas ideas del individuo pueden hacerse visibles, como el químico licua y hace visible la atmósfera invisible; pero para ello, al igual que el químico, debe disponer de la maquinaria necesaria.

La fisiología dice que para pensar es necesario tener cerebro. Sin embargo, el pensamiento no se limita a las células materiales, sino que, como todo lo demás en el universo, tiene un amplio rango de expresión. Hay cerebros dentro de los cerebros y células dentro de las células. A través de todo el cuerpo hay centros cerebrales cuyos oficios aún no se han determinado. La psicología muestra que estos centros nerviosos son influenciados por fuerzas invisibles. La psicología enseña que la persona posee lo que se llama mente subconsciente, y que esta trasciende a la mente consciente en conocimiento y capacidad. Jesucristo nos da una enseñanza aún más elevada con respecto a nuestros poderes mentales: Tenemos una mente llamada el Señor, que trasciende tanto a la mente consciente como a la subconsciente. Sin embargo, para que la persona desarrolle sus posibilidades latentes, es necesario que estas tres mentes trabajen armoniosamente en unidad.

En la verdad solo hay una Mente, en la que existen todas las cosas. Entonces, para ser exactos, el individuo no tiene tres mentes, ni siquiera tiene una mente, sino que expresa la mente de múltiples maneras. Creer en la posesión de una mente y en la necesidad de acumular conocimientos hace que la vida sea pesada. Esta es la razón por la cual las personas muy intelectuales a menudo son poco prácticas y no tienen éxito; han acumulado más conocimientos que sabiduría y poder para aplicarlos. Como el avaro que se muere de hambre rodeado de su oro, estos perecen por falta del real conocimiento. Considerando su conocimiento acumulado como una posesión personal, lo han aislado de la fuente original de sabiduría y vida, y en consecuencia se ha vuelto vacío y sin fuerza.

Existe algo en el individuo que, cuando se abre, le pone en contacto directo con el conocimiento universal, y puede extraer instantánea y continuamente todo lo que desee saber. Dios es nuestra fuente de sabiduría, así como es nuestra fuente de suministro. La comprensión de la Mente Crística revela que el individuo no sabe nada por sí mismo. Jesús, que desarrolló esta conciencia superior, afirmó que todo su conocimiento y poder venían directamente del Padre: "Yo no puedo hacer nada por mí mismo" "El Padre, que vive en mí, es quien hace las obras".

En realidad, todo lo que se necesita es vivificar y armonizar los centros pensantes de la conciencia del individuo; entonces la Mente Divina pensará a través de él. Esta mente suprema tiene al ser humano en su centro, un instrumento perfecto a través del cual expresar sus posibilidades. El escritor del primer capítulo del Génesis dice que el hombre es la "imagen y semejanza" de Dios. Es la imagen, o el idéntico Yo Soy de la Mente-Dios en expresión. Dios se mira en el espejo del universo y se ve como humano; se entrega al ser humano, y el ser humano en su máxima expresión es Dios manifestado. "El que me ha visto a mí, ha visto al Padre". Así Dios da a su imagen el poder de expresar todo lo que él es. Esto no solo incluye la capacidad del individuo para pensar, sino también el poder de modelar y formar el pensamiento. Este poder formativo del pensamiento requiere una facultad distintiva que se llama "imaginación". La mente hace sus formas de manera similar a como se hacen las galletas. Primero se reúnen los ingredientes, luego se mezclan y, por último, se cortan las galletas para dar forma a la sustancia. Cuando la persona piensa, acumula una masa de ideas sobre la sustancia y la vida, y con su imaginación las convierte en formas.

Cualquier cosa que reflejemos en nuestra mente se convierte en algo vivo y activo, y a través de ella estamos conectados con el mundo que nos rodea. Mediante el trabajo de la facultad de la imaginación, cada pensamiento crea una forma, y una multitud de pensamientos crea una multitud de formas. Estas se amontonan unas sobre otras alrededor del yo o imagen central y aparecen en lo que se llama cuerpo. La fisiología dice que todos los órganos del cuerpo están formados por células, y que cada célula tiene la forma y el carácter de su órgano particular. El hígado está hecho de una multitud de pequeños hígados, el corazón de pequeños corazones, etc. El punto de partida es una idea, y a través del mecanismo de la mente (a menudo erróneamente llamado el mecanismo del cuerpo) el ser humano forma su organismo. Con esta llave uno puede abrir la puerta de su templo y en mente visitar todas sus diversas habitaciones y poner los muebles en orden.

La imaginación tiene su centro de acción en el cerebro frontal y utiliza lo que la frenología llama las facultades perceptivas. Es realmente la autora de estas facultades; el tamaño, el peso, la forma, el color, etc., son sus hijos. Cuando proyecta su luz en las células que componen estos órganos, responden inmediatamente al pensamiento, y del éter invisible crean formas que corresponden a la idea sostenida en la imaginación. Si la idea se origina en el Espíritu, la creación es armoniosa y conforme a la Ley. Pero estos centros son tan sensibles y receptivos al pensamiento, que también reciben impresiones desde el exterior y crean en el éter las formas que corresponden a las impresiones recibidas. Esto es una inversión de la ley creativa, que consiste en que todas las creaciones deben tener sus patrones en la mente. Cuando la persona deja correr su imaginación sin ley, produce tal discordia en la mente y en el cuerpo, que el torrente del pensamiento erróneo sumerge su entendimiento y se ahoga en él.

"Y el Señor vio que era mucha la maldad de los hombres en la tierra, y que toda intención de los pensamientos de su corazón era solo hacer siempre el mal" (Génesis 6: 5).

"Entonces yo traeré un diluvio sobre la tierra, para destruir toda carne en que hay aliento de vida debajo del cielo. Todo lo que hay en la tierra perecerá" (Génesis 6:17).

Todas las cosas, incluida la mente, funcionan desde el centro a la circunferencia. El conocimiento de este hecho pone al individuo en guardia, y este se encarga de que su imaginación no cree en su mente cosas que le han sido impresas desde el exterior. Esto no significa que el mundo exterior sea todo error, o que toda apariencia sea creación de la mente mortal; significa que lo exterior no es el patrón seguro a partir del cual formar los miembros del cuerpo. Cuando Moisés fue instruido por el Señor para levantar el tabernáculo, el mandato fue: "Y mira que los hagas según el diseño que te ha sido mostrado en el monte". "El monte" es el lugar del alto entendimiento en la mente, el cual Jesús llamó el reino de Dios dentro. El sabio metafísico resuelve en idea cada imagen mental, cada forma y figura vista en visiones, sueños, etc. La idea es el fundamento, lo real; cuando es comprendida y moldeada por el poder de la palabra, puede crear o recrear la forma bajo la dirección del Yo Soy individual. Esta simple ley, desarrollada en cierto grado, convierte a la persona en un experto o maestro. Manejando la causa de las cosas, alcanza el dominio sobre ellas, y en lugar de rendirse a sus emociones y sentimientos, los controla. En lugar de dar rienda suelta a su imaginación, conjurando todo tipo de situaciones, la mantiene firme en un cierto conjunto de ideas que quiere que surjan.

"Tú guardarás en perfecta paz a todos los que confían en ti; a todos los que concentran en ti sus pensamientos" (Isaías 26: 3)

A medida que se desarrolla el entendimiento de la persona, su imaginación es la primera de las facultades latentes que se despierta. Esaú representa al hombre natural, y Jacob un concepto nuevo y más elevado del hombre, suplantándolo. De ahí que Jacob sea llamado el "Suplantador". Históricamente, parece un tramposo, que se aprovecha de los que tienen menos sabiduría, pero esto no es más que para mostrar cómo el principio superior se apropia del bien en todas partes.

La imaginación era la facultad principal en la mente de La imaginación era la principal facultad de la mente de Jacob. Soñó con una escalera que iba de la tierra al cielo y por la que subían y bajaban los ángeles de Dios. Esta es la profecía de la unión entre el ideal y sus manifestaciones, entre el Espíritu y el cuerpo; la unión se realiza mediante pensamientos puros del absoluto, los ángeles del sueño de Jacob. Más adelante, en su desarrollo, Jacob despertó todas sus facultades, representadas por sus doce hijos. José era soñador e intérprete de sueños. Era el hijo predilecto de Jacob, el Yo Soy, que le dio una túnica de muchos colores. Todo esto es representativo de la facultad imaginativa que José tipifica.

La historia de José es la historia de la imaginación de cada persona, cuando se desarrolla bajo la ley Divina. Sus sueños eran mensajes de Dios y Dios se los interpretaba; su vida es el romance más interesante y fascinante de la Biblia. En sus comienzos, el camino de José era espinoso, pero por su obediencia al Espíritu alcanzó el lugar más alto en el dominio del rey.

Esto demuestra que el desarrollo de la imaginación humana comienza en las tinieblas de la materialidad y en las profundidades de la ignorancia, representada por José, arrojado a la fosa y vendido a Egipto. A través de la comprensión espiritual, el "soñador" se convierte en el hijo más práctico de la familia y, siguiendo las interpretaciones de sus sueños, las multitudes fueron salvadas de la inanición. La aplicación individual de esto es: Teniendo nuestra atención fija en el Espíritu, discernimos el flujo y reflujo de las fuerzas en el organismo, y sabemos cómo conservar y administrar nuestros recursos.

En lugar de tratar las visiones de la noche como simples sueños, deberíamos examinarlas, tratando de conocer la causa y el significado de cada imagen mental. Cada sueño tiene su origen en el pensamiento, y cada pensamiento crea una imagen mental. El estudio de los sueños y las visiones es importante, porque a través de estas imágenes mentales el Señor se comunica con el individuo en determinada etapa de su desarrollo. Salomón fue instruido en sueños.

"Y en Gabaón el Señor se apareció a Salomón de noche en sueños, y Dios le dijo: Pide lo que quieras que yo te dé" (1 Reyes 3:5)

Y en Job 33: 15-16, leemos:

"En un sueño, en una visión nocturna, cuando un sueño profundo cae sobre los hombres, mientras dormitan en sus lechos, entonces él abre los oídos de los hombres y sella su instrucción".

También se nos dice que "El misterio fue revelado a Daniel en una visión de noche". A José, el padre de Jesús, se le dijo en un sueño que tomara al niño pequeño y fuera a Egipto. A Pedro se le mostró su intolerancia en una visión, y Pablo fue obediente a la "visión celestial". Todos los grandes y sabios de todas las épocas han sido instruidos por Dios en sueños y visiones.

Cada forma y objeto, ya sea en el éter o en la tierra, representa alguna idea o actitud mental. La idea se proyecta primero en el éter invisible, y después se forma en la conciencia. La mente humana ve todas las cosas a través de formas de pensamiento creadas por la imaginación. El amante idealiza el objeto de su afecto, y a menudo se decepciona al conocerle de cerca. Siempre estamos creando ideales que solo existen en nuestra mente. Hay una historia real sobre un marinero que emprendió un largo viaje y dejó atrás a su prometida. Pensaba continuamente en ella y a menudo la veía en sueños. Finalmente, comenzó a verla y a hablar con ella en su estado de vigilia, y ella le contó muchas cosas notables. Dijo que era su alma la que lo visitaba; que su cuerpo estaba en su casa en Inglaterra, esperando su regreso. Al cabo de unos veinte años regresó a su casa, esperando la bienvenida de su amada. Se quedó estupefacto al descubrir que ella estaba casada, tenía una familia y se había olvidado de él. De su propia sustancia mental había creado el objeto de su afecto, y ella había reflejado fielmente todos los pensamientos que él tenía sobre ella.

A través del poder de la imaginación imprimimos en el cuerpo los conceptos de la mente. Las marcas de nacimiento han sido reconocidas desde hace mucho tiempo como el efecto de la mente de la madre, y esta afinidad mental no termina con el nacimiento. He aquí algunos casos reales:

Una señora vio pasar a su hijita a través de una pesada puerta de hierro. El portón se cerró y la madre imaginó que atrapaba y aplastaba los dedos de la pequeña. No obstante, la niña había retirado los dedos antes de que el portón la golpeara. La madre sintió el dolor en su propia mano, y al día siguiente encontró una raya oscura en sus dedos donde imaginó que había aplastado los de la niña.

En la iniciación de cierta sociedad secreta, se le dijo al candidato que se le marcaría la palabra "Cobarde" en su espalda con un hierro candente. En su lugar se utilizó un trozo de hielo, pero la marca prometida apareció con letras ampolladas. Podríamos citar innumerables casos para demostrar el poder de la imaginación en la formación y transformación del cuerpo.

Por otra parte, una mente puede sugerir a otra y producir cualquier condición deseada, si hay receptividad mental. Esto puede hacerse más eficazmente a través del estado hipnótico, pero la hipnosis no siempre es necesaria. Los experimentos demuestran que estamos constantemente sugiriéndonos toda clase de cosas y obteniendo resultados según la intensidad de la imaginación. Así, la enfermedad se refleja en las mentes susceptibles por el simple hecho de que la gente hable de la enfermedad como de una terrible realidad.

Una persona puede imaginar que tiene alguna condición adversa en su cuerpo o en sus asuntos y mediante la ley de la imaginación la va construyendo hasta que se manifiesta. Por otro lado, puede utilizar el mismo poder para hacer que el bien aparezca por todas partes. Las marcas de la vejez pueden borrarse del cuerpo viéndolo mentalmente joven. Si quieres estar sano, no imagines algo tan vano como la debilidad y la decadencia. Haz que tu cuerpo sea perfecto viendo la perfección en él. Los remiendos pasajeros con lociones y aplicaciones externas son una tontería; la obra debe ser una transformación mental. "Sé transformado mediante la renovación de tu mente".

El mejor y más elevado trabajo de la imaginación es la transformación que realiza en el carácter. Imagina que eres uno con el Principio del Bien y te volverás bueno. Imaginarse perfecto fija la idea de la perfección en la sustancia mental invisible, y las fuerzas mentales comienzan de inmediato a trabajar para producir la perfección. Pablo vio esta maravillosa ley operando en la formación del carácter a través de la imitación de Cristo.

"Todos nosotros, con el rostro descubierto, contemplando como en un espejo la gloria del Señor, estamos siendo transformados en la misma imagen de gloria en gloria, como por el Señor, el Espíritu" (2 Corintios 3:18)

PERFECCIÓN EN LA FORMA ESTABLECIDA

(Para ser utilizado en conexión con la lección 9)

Yo veo mi semblante en su perfección Divina.

Lo mantendrás en perfecta paz, aquel cuya imaginación permanece en ti.

Yo veo la perfección en todas las formas y manifestaciones.

Su hijo es el resplandor de su gloria, y la expresión exacta de su naturaleza. (Hebreos 1:3)

Yo veo siempre la luz de la conciencia Crística.

Yo soy formado de nuevo, cada día, en mi mente y en mi cuerpo.

Sé renovado en el espíritu de tu mente.
Mi espíritu se vivifica en Cristo.

En un sueño, en una visión nocturna, él abre el oído de los hombres, y sella su instrucción.
(Job 33: 15,16).

Yo conozco la realidad detrás de las sombras.

VOLUNTAD Y ENTENDIMIENTO

El que quiera hacer la voluntad de Dios, conocerá si la
doctrina es de Dios. (Juan 7:17)

El ser humano manifiesta lo que existe eternamente en
el Ser. Hablamos de las facultades de la mente humana
como si pertenecieran al individuo y tuvieran origen en él.
El individuo existe en la Única Mente invisible. Puede
suponer que tiene una mente propia, pero su origen y
destino están en la mente original.

Las causas primarias son completas, terminadas,
absolutas. Todo lo que la persona manifiesta tiene su
origen en una causa que denominamos Mente Divina,
Espíritu, Dios. Siendo esto cierto en lógica e intuición, no
es difícil llegar a la conclusión de que la manifestación
prueba el carácter de la causa. Al tratar de las facultades
humanas, no debe perderse de vista la relación que existe

entre ellas y la Mente única. No hay más que una Mente, y esa Mente no puede separarse ni dividirse, porque es indivisible, al igual que el principio de las matemáticas. Todo lo que podemos decir de la Mente única es que es absoluta, y que todas sus manifestaciones son en esencia semejante a ella misma. Esto nos lleva a la verdadera estimación del ser humano, y cuando hablamos del ser espiritual, o del hombre Cristo, o del Hijo de Dios, nos referimos a esta expresión original de la Mente Divina.

Al analizar estas facultades y establecer su relación en la conciencia individual, debemos comprender claramente que nunca están separadas de su Principio, la Mente Divina. En el texto citado más arriba, Jesús se refiere a dos de los poderes del ser humano, y pone de manifiesto una determinada fase de su relación. "Voluntad" y "conocer" designan lo que llamamos las facultades mentales de la voluntad y el entendimiento. Por apropiación, por expansión y crecimiento de la conciencia, la voluntad y el entendimiento parecen tener su fuente en el ser individual. Pero, por mucho que las adapte, nunca pueden separarse de la mente del Ser, en la que existen como miembros esenciales de su totalidad.

La autoconciencia es como un remolino en el océano; todos los elementos que se encuentran en el océano se encuentran también en el remolino, y cada remolino, a su debido tiempo, puede recibir y dar todo lo que hay en el océano. Como voluntad de Dios, las personas representan la identidad Yo Soy. Es la autoconciencia, la libertad de actuar sin dictado de ningún tipo, individualidad sin conciencia de causa, el poder de hacer o deshacer sin limitación, la capacidad constructiva y destructiva con un universo de potencialidades realizables. La voluntad es el ser humano. Sin la libertad absoluta de la voluntad, este sería un autómata. Si su voluntad estuviera restringida en el menor grado en algún aspecto, no sería perfectamente libre. Pero sabemos que Dios es el gran ilimitado y el ser humano, su "imagen y semejanza", debe ser del mismo carácter; en consecuencia, él tiene la misma libertad que Dios para actuar en el cumplimiento del deseo. Dios no dicta los actos del individuo, aunque puede instruirlo y alejarlo del error, por medio del amor. La idea de que Dios obliga a la gente a hacer ciertas cosas no puede ser cierta en ningún caso, porque si lo fuera, el ser humano no sería un agente libre. Si Dios interfiriera con la voluntad de la persona en algunas cosas, se deduciría que podría interferir en todas y cada una de las cosas. La lógica y la observación revelan claramente la libertad del individuo en todo.

El pensamiento creativo utiliza la voluntad para construir la conciencia individual. El Señor Dios, o Jehová del Génesis, es el original "Yo seré lo que quiero ser". En la mente, tanto Jehová como Jesús significan Yo Soy. Yo soy es la propia identidad del individuo. Yo soy es el centro alrededor del cual gira el sistema del individuo. Cuando el Yo soy se establece en una cierta comprensión de su principio, es guiado en sus actos, y estos están en armonía con la Ley Divina. Esta es la unión de la voluntad y el entendimiento. En la Escritura, estos son designados como Efraín y Manasés, hijos de José. Su adjudicación en la Tierra Prometida estaba unida, lo que indica que estas facultades trabajan en el cuerpo desde un único centro cerebral. Este centro se encuentra en la frente.

La voluntad nunca debe ser frenada en su desarrollo, sino reforzada en todas sus líneas. La idea de frenar la voluntad de los niños es totalmente errónea. El ser perfecto se produce perfeccionando la voluntad y uniéndola al entendimiento. La idea de doblegar la voluntad no debe incluir el pensamiento de debilitarla, o de hacerla disminuir de alguna manera; significa propiamente que la voluntad está siendo instruida sobre cómo actuar para bien. No actúes hasta que sepas cómo actuar. "Mira antes de saltar". Esto no significa que uno deba permanecer inactivo e indefinido, esperando el entendimiento, como hacen muchas personas que tienen miedo de actuar porque posiblemente hagan lo incorrecto; significa que el entendimiento se acelerará y la voluntad se fortalecerá por la confianza que viene como resultado del conocimiento.

Para fortalecer la voluntad y, al mismo tiempo, disciplinarla en la línea correcta, se requiere una comprensión nada menos que divina. Pero es posible equilibrar la voluntad y el entendimiento, y así hacer siempre lo correcto en el momento adecuado. Casi todos los errores son el resultado de la voluntad actuando sin la cooperación de su hermano, el entendimiento. Cuando se permite a la voluntad actuar por cuenta propia, la persona se vuelve emocional y obstinada. Estos estados de conciencia conducen a todo tipo de discordias corporales. La obstinación crea tensión y una mente tensa forma nudos en los nervios, músculos y tendones de todo el organismo. El metafísico, observando estas condiciones, trata la relajación de la voluntad y la relajación general de todo el sistema. El tratamiento universal para esta condición dado por Jesucristo es: "No se haga mi voluntad sino la tuya". Esta entrega hace que la voluntad personal "suelte", y se produce una unificación de la voluntad humana con la voluntad de Dios. Cuando esto se logra, todo va bien.

Las personas obstinadas a menudo se quejan de una sensación como la producida por una banda apretada alrededor de la cabeza. Esta es la presión de la sustancia del pensamiento que la voluntad ha agarrado y a la que se aferra con fuerza centrípeta. En tales casos y, de hecho, en todos los sentidos de presión, trata contra la obstinación personal y afirma la libertad divina.

Cada órgano del cuerpo es afectado por la acción de la voluntad, y cuando esta facultad se fija en cierta actitud, sujeta a todo el cuerpo a su afirmación central. La determinación de salirse con la suya sin tener en cuenta los derechos de los demás, detiene la libre acción del corazón, y el estómago se ve afectado simpáticamente. Las personas afectadas de esta manera rara vez se dan cuenta de que tienen una determinación establecida en cuanto a cómo deben hacerse las cosas en sus vidas, y a veces son lentas en aceptar la comprensión superior que es necesaria para desenredar los errores cometidos por la voluntad ignorante. La contradicción es otro nombre para la voluntad distorsionada. Una idea del yo y de sus necesidades se apodera de la mente, y la voluntad se utiliza para llevar a cabo esta política miope. El resultado es un menosprecio de todo el individuo. La gente que lucha por sus derechos personales se esclaviza a las condiciones materiales y detiene el crecimiento espiritual.

¿Cómo podemos llevar a cabo la Voluntad Divina? Por la comprensión; por la Sabiduría universal; afirmando: "No se haga mi voluntad, sino la tuya". Dios es la voluntad potencial, no formada; el ser humano es la voluntad Divina manifiesta, o la buena voluntad. Cuando el individuo une su voluntad al principio de la fuerza, dispone de una capacidad ejecutiva superior. Manifiesta rápidamente facultades que, bajo la lenta acción de la mortalidad, tardarían siglos en desarrollarse.

Hay una cualidad de conocimiento en la mente Divina. Dios es el conocimiento supremo. Aquello que comprende en el individuo es entendimiento; toma conocimiento y compara en sabiduría. Sus comparaciones no se hacen en el reino de la forma, sino en el reino de las ideas. Sabe cómo realizar las cosas. Podemos saber sin experiencia. La familia humana ha aprendido por duros golpes que la experiencia es una severa maestra. En la alegoría de Adán y Eva, tenemos una imagen del hombre cayendo bajo la influencia de la serpiente y eligiendo aprender por la experiencia. Uno de los significados esotéricos de la serpiente es "experiencia". Todas las amargas lecciones que vienen a través de la torpe ignorancia pueden evadirse cuando la persona declara su entendimiento Divino y sigue la guía Divina.

Para toda obstinación, el tratamiento debe consistir en afirmaciones de entendimiento espiritual. La voluntad no debe ser quebrantada, sino disciplinada. Es preciso mantener siempre la absoluta libertad del individuo. Dios es el único principio; todos somos tan libres de usarlo, como somos libres de usar los principios de las matemáticas y la música. El principio nunca interfiere. Pero para aplicar los principios correctamente, debemos desarrollar entendimiento. La libertad conduce a muchos errores, pero como es parte del Ser, es preciso aprender a usarla adecuadamente; es preciso aprender que la libertad de la ley significa control y conservación, no lujuria y libertinaje.

Debemos tener cuidado de no entrar en ningún sistema curativo que interfiera con la libertad. El hipnotismo no es sanación real. Cualquier sistema que suprima la voluntad es radicalmente erróneo. El trabajo del verdadero sanador es instruir al paciente, mostrarle la causa y el remedio desde el punto de vista del entendimiento espiritual. Todos los demás métodos son temporales. Los antiguos estados mentales volverán a entrar en acción a menos que se descubra y elimine el pensamiento causante. Una persona puede tener un brazo paralizado, como consecuencia de un deseo egoísta de dinero, y aunque pueda encontrar un alivio temporal en la sugestión mental de salud, o en el hipnotismo, no obtendrá la sanación permanente hasta que comprenda la ley Divina que gobierna las posesiones y se ajuste a ella.

Hay personas que afirman que se están desarrollando espiritualmente a través de la mediumnidad. Esto es un error. Si crees que estás bajo el control de otra voluntad, si te rindes a otra voluntad, tu propia voluntad se debilita gradualmente. Si continúas sometiéndote a la dominación de otro, finalmente perderás completamente el control de tu propia vida. La voluntad debe ser fortalecida al ser utilizada constantemente en el Entendimiento Divino. El hipnotismo debilita la voluntad. El entendimiento espiritual anima y da vida. Dios nunca pone a nadie a dormir. "Despierta tú que duermes... y Cristo te alumbrará" (Efesios 5:14).

Nunca digas: "No sé"; "No entiendo". Reclama tu comprensión Crística en todo momento, y declara: "No estoy bajo ningún hechizo de ignorancia humana. Yo soy Uno con el conocimiento infinito". La acumulación de ignorancia, a través de la asociación con mentes ignorantes, puede ser disuelta por la Palabra. Puedes saber simplemente sosteniendo que sabes. Esto no es egolatría, sino entendimiento espiritual. Cuando declaras comprensión Divina, a veces te encuentras volviendo a tu antigua línea de pensamiento y te decepcionas. En ese mismo momento, continúa sosteniendo tu declaración de "conocimiento". No juzgues por las apariencias. No actúes hasta que tengas la seguridad; y si te mantienes en el Espíritu mediante la afirmación, la seguridad vendrá. ¿Llegará como una voz? No; tú sabrás a través de la facultad de la intuición. El conocimiento Divino es el influjo directo de la mente de Dios con la mente del individuo. A veces se nos enseña mediante símbolos, visiones, etc., pero esta es solo una de las maneras que tiene la mente Divina de expresarse. Cuando la mente trata con los ideales de Dios no pide símbolos, visibles o invisibles, sino que descansa en el conocimiento puro.

Fue en esta conciencia que Jesús dijo: "Padre, te doy gracias porque me has escuchado. Y sé que me escuchas siempre".

Se puede hacer una aplicación muy práctica de la verdad acerca de la voluntad en el tema del autocontrol. Aquellos que tratan de obtener el control a través de la voluntad personal, fallan. Debemos ser libres para expresar todo lo que somos. Si tienes miedo de cualquier fuerza dentro de ti, tu miedo conduce a la supresión. En el verdadero autocontrol, tanto la voluntad como el entendimiento juegan un papel. Los sentimientos, los apetitos y las pasiones deben ser disciplinados. No solo deben ser controlados por la voluntad, sino que deben ser elevados y desarrollados por medio de la mente Crística.

El problema del autocontrol nunca se resuelve hasta que todo lo que es el individuo entra en contacto con la voluntad y el entendimiento Divinos. Debemos comprender todas nuestras fuerzas antes de poder establecerlas en armonía. Este dominio es fácil si se hace de la manera correcta. Pero si tratas de tomar el dominio a través de la fuerza de voluntad y la supresión, te resultará difícil y nunca lograrás ningún resultado permanente. Centra tu Yo Soy en Dios, y desde ese lugar de Verdad habla palabras verdaderas. De esta manera ganarás verdadera maestría espiritual y elevarás la conciencia de tu voluntad de lo humano a lo Divino.

La voluntad juega un papel importante en todos los sistemas de concentración del pensamiento. La simple declaración: "Deseo estar bien", reúne las fuerzas de la mente y el cuerpo alrededor de la idea central de plenitud y la voluntad mantiene el centro mientras el Yo Soy continúe su afirmación. Nadie murió jamás hasta que dejó ir su voluntad, y miles viven y viven gracias a la fuerza de una voluntad decidida.

El "demonio" que debemos vencer es la voluntad adversa que pretende dominar al individuo en el exterior. Este "adversario" nos molesta porque nos esforzamos por mantener la libertad personal, en vez de someternos a la guía Divina. La confianza en uno mismo es una virtud cuando se basa en la verdad del Ser, pero cuando surge de la conciencia personal aleja a la persona de su dominio. ¿Estás intentando liberarte de las tradiciones del mundo exterior por ti mismo, o estás descansando en la comprensión y la seguridad de que eres un hijo de Dios? Conocerse a sí mismo como hijo de Dios es vencer al "diablo", el yo personal. El "diablo" te hace creer que eres hijo de la carne. Para vencerlo, di:

"He dejado atrás a Satanás al darme cuenta de que Dios es mi Padre. Estoy centrado en él, y todas las cosas están bajo su dominio. Vivo en el Poder Infinito que produce todo autocontrol. No tengo necesidad de controlar a la gente. Los acontecimientos y las personas están controlados por la ley. Hay una ley eterna de justicia. Yo soy uno con esa ley y descanso en ella".

Entre los discípulos de Jesús, Mateo representa la voluntad, y Tomás el entendimiento. Mateo era el recaudador de impuestos que se sentaba a la entrada, representando la parte ejecutiva del gobierno; así la voluntad es la facultad ejecutiva de la mente, y lleva a cabo los mandatos del Yo Soy. Todos los pensamientos que entran o salen de la conciencia del individuo, pasan por la puerta ante la cual se encuentra la voluntad, y si esa voluntad entiende su oficio, indaga el carácter y el valor de cada pensamiento, exigiendo un cierto tributo en beneficio de la persona en su totalidad.

Tomás, el entendimiento, es representado como bajo disciplina; es decir, todavía no está a la luz del Espíritu. En sus primeros pasos hacia la verdad, el entendimiento quiere que sus lecciones y las demostraciones que las acompañan se expresen en términos semejantes a los del mundo externo. Cuando Cristo se apareció a Tomás, este dijo que no creería a menos que pudiera ver las marcas de los clavos y sentir la herida en el costado del Señor Se le dio esta doble prueba, y Jesús dijo: "No seas incrédulo, sino creyente". Entonces Tomás despertó espiritualmente y reconoció: "Señor mío y Dios mío".

Aquellas personas que están siendo instruidas en la verdad a través de la palabra escrita y hablada, finalmente llegarán a ese lugar donde la verdadera luz del Espíritu brillará sobre ellos y, como Tomás, verán con entendimiento espiritual, y tendrán la prueba de la realidad de la mente Crística.

ESTABLECIMIENTO DE LA VOLUNTAD Y EL ENTENDIMIENTO

(Para ser utilizado en conexión con la lección 10)

Mi entendimiento está establecido en la Mente Divina.

Conocerán la verdad, y la verdad los hará libres. (Juan 8:32)

La voluntad de Dios prevalece siempre en mi conciencia. "No se haga mi voluntad, sino la tuya".

Yo creo firmemente en la inteligencia guiadora que dirige todos mis pensamientos.

Hay un espíritu en el hombre, y el soplo del Omnipotente le da entendimiento. (Job 32:8)

La obstinación y terquedad de la carne no tienen poder sobre mí. Yo soy obediente al Espíritu y receptivo a todos sus pensamientos secretos.

Ni de la voluntad de la carne, ni de la voluntad del hombre, sino de Dios. (Juan 1:13)

Yo estoy dispuesto a cambiar mi mente.

Sean transformados por la renovación de su mente. (Romanos 12:2)

El Cristo de Dios nace en mi conciencia, y Yo Soy glorificado en mi entendimiento.

JUICIO Y JUSTICIA

"No juzguen para que no sean juzgados. Porque con el juicio con que ustedes juzguen, serán juzgados; y con la medida con que midan, se les medirá" (Mateo 7:1-2).

"Pondrás en el pectoral del juicio el Urim y el Tumim, y estarán sobre el corazón de Aarón cuando entre a la presencia del Señor. Aarón llevará continuamente el juicio de los israelitas sobre su corazón delante del Señor" (Éxodo 28:30).

Urim y Tumim (Luces y Perfecciones). Estos eran los símbolos sagrados (puestos en el pectoral del sumo sacerdote, en su corazón) mediante los cuales Dios daba respuestas oraculares para guiar a su pueblo en asuntos temporales. Se desconoce lo que eran; se introducen en el Éxodo sin explicación, como si fueran familiares a los israelitas de aquel tiempo. La egiptología moderna nos da una pista; nos dice que los sumos sacerdotes egipcios de cada ciudad, que eran también sus magistrados, llevaban alrededor del cuello una joya que tenía en un lado la imagen de la verdad, y en el otro a veces la de la justicia, a veces la de la luz. Cuando el acusado era absuelto, el juez le extendía la imagen para que la besara. En el juicio final, Osiris lleva alrededor del cuello las joyas de la justicia y la verdad. La Septuaginta traduce Urim y Tumim por "Luz y Verdad". Algunos eruditos suponen que eran las doce piedras del pectoral; otros, que eran dos piedras adicionales ocultas en su pliegue. Josefo añade a estas los dos botones sardónicos llevados sobre los hombros, que según él emitían rayos luminosos cuando la respuesta era favorable; pero el modo preciso en que se daban los oráculos se pierde en la oscuridad.

La ley, tal como fue dada por Moisés, sirve para guiar al individuo en la evolución de sus facultades. Las figuras, personalidades y símbolos representan potencialidades desarrolladas y no desarrolladas en diversos planos de conciencia. El sumo sacerdote representa al ser espiritual, que oficia entre Dios y el ser mortal. La coraza de una armadura protege la parte más vital, el corazón. El corazón es el amor, la conciencia afectiva; puede estar sujeto a la fuerza de la débil simpatía, a menos que esté equilibrado por otro poder en el que hay discernimiento o juicio.

El pectoral tenía doce piedras preciosas, que representaban las doce tribus de Israel. Esto significa claramente que las doce facultades de la mente deben agruparse en el gran centro cerebral llamado plexo solar. Esto significa que toda la inteligencia de las facultades humanas, deben ponerse en juego en los juicios finales de la mente. El Urim y el Tumim (Luces y Perfecciones), bajo la simbología egipcia, "Verdad y Justicia", son los mandatos oraculares de la mente Divina, que se expresan intuitivamente como una secuencia lógica del Principio Divino, Verdad y Justicia.

El metafísico moderno interpretaría todo esto como la omnipresencia de la Mente Divina en su idea perfecta, Cristo. La Verdad está preparada en todo momento para dar juicio y justicia. Como Dios es amor, así también Dios es justicia. En la Mente Divina están en unidad, pero en la conciencia del individuo frecuentemente se manifiestan en diversidad. Es a través de la mente Crística en el corazón que se unifican. Cuando la justicia y el amor se encuentran en el centro del corazón, hay equilibrio, balance, y rectitud. Cuando el juicio se separa del amor y actúa solo desde la cabeza, surge el clamor humano por justicia. En su simple juicio humano, las personas son duras y despiadadas; el castigo se impone sin tener en cuenta el motivo o la causa, y la justicia se desvía.

El buen juicio, como cualquier otra facultad de la mente, se desarrolla a partir del Principio. En su perfección se expresa a través de la mente humana, con todas sus relaciones absolutas, sin restricciones. La persona tiene el concepto correcto de juicio, e idealmente los jueces de nuestros tribunales tienen esa discriminación imparcial y sin prejuicios que existe siempre en el Absoluto. El juez prejuicioso es aborrecido, y el que se deja mover por sus simpatías no se considera seguro.

El metafísico considera necesario situar su juicio en el Absoluto para demostrar su poder supremo. Esto se logra primero declarando que el juicio de uno es espiritual y no material; que su origen está en Dios; que todas sus conclusiones están basadas en la verdad, y que están absolutamente libres de prejuicios, falsa simpatía o ignorancia mortal. Esto da un centro de trabajo desde el cual el ego o Yo Soy comienza a poner en orden su propio mundo de pensamientos. Debe abandonarse el hábito de juzgar a los demás, incluso en los asuntos más insignificantes de la vida diaria. "No juzgues para que no seas juzgado", dijo Jesús. La ley del juicio actúa en multitud de direcciones, y si no la cumplimos en las cosas pequeñas, nos encontraremos fallando en las grandes.

Juzgar desde el plano de lo mortal, conduce a la condenación, y la condenación siempre va seguida de la imposición de una pena. Vemos faltas en los demás y los juzgamos, sin considerar los motivos ni las circunstancias. Nuestro juicio a menudo es parcial y prejuicioso; sin embargo, no dudamos en pensar en alguna forma de castigo para el culpable. Puede ser culpable o inocente; su culpabilidad o inocencia descansa en la ley Divina, y nosotros no tenemos derecho a juzgarlo. En nuestra ignorancia estamos creando fuerzas de pensamientos que reaccionarán contra nosotros. "Como juzgues, así serás juzgado y con la medida con que mides, serás medido". Cualquier pensamiento que envíes, regresará a ti. Esta es una ley inmutable de la acción del pensamiento. Una persona puede ser justa en todos sus actos, pero si condena a otros por su injusticia, esa acción de pensamiento le llevará a condiciones injustas; por eso no es seguro juzgar sino en el Absoluto. Jesús dijo que no juzgaba a nadie según su propio criterio, sino en el Padre; es decir, juzgaba en el Principio. Esta es la posición que cada uno debe tomar, descansando el juicio de los demás en el Absoluto. Cuando se haga esto, la tendencia a condenar disminuirá cada vez más, hasta que el individuo, viendo a su prójimo como Dios lo ve, lo entregará a la ley del Absoluto en todos los casos en que parezca injusto.

El gran día del juicio de las Escrituras indica un tiempo de separación entre lo verdadero y lo falso. No existe ninguna justificación para creer que Dios envía a las personas al castigo eterno. Los intérpretes modernos de la Escritura dicen que el "fuego del infierno", al que se refiere Jesús, significa simplemente un estado en el que tiene lugar la purificación.

La palabra "infierno" no se traduce con la claridad suficiente como para reflejar los diversos significados de la palabra en el lenguaje original. Hay tres palabras de las que se deriva "infierno": sheol, "el estado invisible"; hades, "el mundo invisible", y gehena, "valle de Hinón". Estas se utilizan en diversas relaciones, casi todas alegóricas. En un sermón, el archidiácono Farrar dijo:

> Las enseñanzas acerca del infierno serían apropiadas, si calmada y deliberadamente borráramos de nuestras Biblias inglesas las tres palabras: 'condenación', 'infierno' y 'eterno'. Yo digo, sin vacilar, reclamando el más pleno derecho a hablar con la autoridad del conocimiento, que ni

una sola de esas palabras debería seguir figurando en nuestra Biblia inglesa, porque nuestra actual interpretación de ellas, son simplemente traducciones erróneas.

Esto corrobora la interpretación metafísica de las Escrituras y sustenta la verdad de que el infierno es una alegoría que representa un estado mental correctivo. Cuando el error ha llegado a su límite, la ley retroactiva se impone, y el juicio, que forma parte de esa ley, impone la pena al transgresor. Esta pena no es castigo, sino disciplina, y si el transgresor se arrepiente y obedece, es perdonado.

Bajo nuestra ley civil, los criminales son confinados en centros penitenciarios, donde se inculca el orden, hábitos regulares y laboriosidad; y lo que parece un castigo, demuestra ser educativo. En todas partes se reclaman métodos educativos más amplios en nuestras prisiones, y esta demanda es un reconocimiento de la necesidad de purificación mediante la disciplina y la formación en la moral. Este proceso de purificación es la pena enseñada por Jesús, el juicio que cae sobre los pecadores: el fuego del infierno. Cuando se recibe en el espíritu correcto, este fuego quema la escoria del carácter y purifica la mente y el cuerpo.

Los metafísicos han descubierto que existe una cierta relación entre las funciones y órganos del cuerpo y las ideas de la mente. El hígado parece estar conectado con la discriminación mental, y siempre que una persona es muy activa en la línea del juicio, especialmente cuando entra la condenación, hay algún tipo de perturbación en esa parte del organismo. El hábito de juzgar a los demás con severidad y fijar en la mente cuál debería ser el castigo, hace que el hígado se vuelva tórpido y cese su acción natural; como resultado, la complexión se enturbia.

"Por tanto, ahora no hay condenación para los que están en Cristo Jesús, los que no andan conforme a la carne sino conforme al Espíritu".

Si esta afirmación se mantiene en la mente y se lleva a cabo en pensamiento y acción, sanará ese tipo de dolencia hepática.

Otra forma de pensamiento relacionada con el juicio es la mente vacilante, que nunca parece saber con seguridad qué es lo que hay que hacer. "El hombre de doble ánimo, es inconstante en todos sus caminos". Debe haber unidad de mente y lealtad a las ideas verdaderas. Todos deberíamos tener ideas definidas de lo que es justo y correcto, y atenernos a ellas. Esto estimula la acción del hígado, y a menudo da buena salud a la llamada gente mala, porque no se condenan a sí mismos. La condenación, en cualquiera de sus formas, retarda la libertad de acción en la facultad discriminativa. Cuando nos culpamos y condenamos, las energías naturales de la mente se debilitan y todo el cuerpo se vuelve inerte. El remedio para todo lo que parece injusto es la negación de la condena de los demás, o de uno mismo, y la afirmación del gran Espíritu universal de justicia, a través del cual todas las condiciones desiguales e injustas son finalmente ajustadas.

Al observar las condiciones que existen en el mundo, la persona justa quiere corregirlas de acuerdo con lo que percibe como la ley equitativa. A menos que tal persona tenga comprensión espiritual, es muy propensa a acarrearse discapacidades físicas en sus esfuerzos por reformar a los demás. Si sus sentimientos llegan al punto de "justa indignación" y "hierve" de ira por los males del mundo, cocerá los corpúsculos de su sangre. El tratamiento que Jesús dio para tal condición mental fue el siguiente: "Porque ni aun el Padre juzga a nadie, sino que todo juicio se lo ha confiado al Hijo". Este Hijo es el Cristo, el cosmos universal; el individuo debe encomendar a su equidad la justicia que desea ver introducida en los asuntos humanos. Coloca todas las cargas del mundo sobre el único juez supremo y haz que cada persona, y todas las condiciones en las que se ven involucradas, se sometan a la ley de Dios. Al hacerlo, pondrás en acción fuerzas mentales, poderosas y trascendentales.

Si crees que eres injustamente tratado por tus amigos, tus empleadores, tu gobierno, o aquellos con quienes haces negocios, simplemente declara la actividad de la mente Todopoderosa, y pondrás en acción fuerzas mentales que encontrarán expresión en los ejecutores de la ley. Esta es la reforma más duradera que se puede aplicar. Es mucho más efectiva que la legislación o que cualquier intento de controlar a los injustos por medios humanos.

Los celos son una forma de predisposición mental que ciega el juicio y hace que uno actúe sin sopesar las consecuencias. El efecto de este estado mental sobre el hígado es la acción violenta un día y la torpeza al siguiente, ocasionando finalmente, un "ojo ictérico" y piel amarillenta. Hablamos de alguien "cegado por los celos" o "cegado por los prejuicios". Con esto no queremos decir que los ojos físicos han dejado de ver, sino que el entendimiento se ha oscurecido. Lo que oscurece el entendimiento de alguna manera interfiere con la acción de las funciones purificadoras del organismo, y los fluidos y pigmentos se congestionan y la piel se oscurece en consecuencia.

El remedio para todo esto es desechar el mal juicio que provoca los celos, y confiar más plenamente en la gran Justicia que todo lo ajusta. En esto debe haber una confianza activa, que es una forma de oración. Los elementos perturbadores que llegan a la vida deben ponerse definitivamente en manos de Dios. Esto es mucho más que una mera confianza dudosa, o una expectativa negativa de que las cosas se arreglarán. Se debe apelar al Espíritu de justicia y rezarle con la persistencia de un Elías, o de la mujer gentil cuya importunidad fue recompensada.

Cuando el metafísico se sienta junto a su paciente con los ojos cerrados, no está dormido, sino que está muy despierto a la realidad y a la visibilidad mental de las fuerzas que entran y crean las condiciones del cuerpo. Esta actividad espiritual es necesaria para la demostración de la ley.

El éxito en el mundo depende en gran medida del buen juicio. Una vez le preguntaron a un prominente hombre de negocios cuál consideraba el rasgo mental más valioso en un empleado, y respondió: "Buen juicio". En todas partes los empresarios buscan personas que tengan el juicio necesario para tomar decisiones rápidas en el momento. Hace muchos años, en una pequeña cuidad en Texas, se produjo un accidente de tren de pasajeros. Un agente de la estación demostró su buen juicio, resolviendo, en el acto, la situación de los heridos. Lo hizo sin autorización de la oficina principal, pero demostró un juicio tan sobresaliente que su capacidad fue reconocida y ascendió rápidamente hasta convertirse en presidente de uno de los mayores sistemas ferroviarios de los Estados Unidos.

La capacidad de la mente para llegar a conclusiones rápidas y correctas puede cultivarse aclarando el entendimiento y reconociendo a la única Mente Suprema, en la cual se encuentra todo discernimiento. Declara que es tu herencia Divina juzgar sabia y rápidamente, y no te apartes de ello con declaraciones de ineficacia en asuntos de juicio.

Cuando dudes de lo que debes hacer para obtener justicia en los asuntos mundanos, pide que este Espíritu eterno de justicia actúe en tu favor y te devuelva lo que es tuyo. No pidas nada que no te pertenezca en virtud de la ley justa. Algunas personas, inconscientemente, se extralimitan en su deseo de posesiones. Cuando ponen el asunto en manos del Espíritu y las cosas no resultan tal como las habían establecido a su manera mortal, se decepcionan y se rebelan. Esto no sucederá bajo la ley espiritual, que exige que la persona se conforme con la justicia y acepte los resultados, sean cuales fueren. "Hay una divinidad que da forma a nuestros fines", y es posible cooperar con ella, quien cree en las cosas espirituales. De este modo, todo el viaje de la vida resultará próspero y feliz.

DECLARACIONES DE JUICIO Y JUSTICIA

(Para ser utilizado en conexión con la lección 11)

Enséñame, oh Jehová, tu camino, y guíame por senda de rectitud. (Salmo 27:11)

La justicia de la ley Divina actúa en todos mis asuntos y estoy protegido.

Manténganse firmes, pónganse el cinturón de la verdad y protéjanse con la coraza de la justicia. (Efesios 6:14)

Encaminará a los humildes por el juicio. (Salmo 25:9)

Misericordia y juicio cantaré. (Salmo 101:1)

Mi juicio es justo, porque busco no mi voluntad, sino la voluntad del Padre.

No juzgues, para que no seas juzgado.

He aquí ahora, yo he preparado mi causa; sé que seré justificado. (Job 13:18).

Yo creo en la ley Divina de la justicia, y confío en ella para establecer correctamente cada transacción que viene a mi vida.

Por tanto, ahora no hay condenación para los que están en Cristo Jesús.

Ya no condeno, no critico, no censuro, ni encuentro faltas en los demás. Tampoco me menosprecio ni me condeno a mí mismo.

EL AMOR

"Miren cuán gran amor nos ha otorgado el Padre: que seamos llamados hijos de Dios. Y eso somos" (1 Juan 3:1)

"Dios es amor; y el que permanece en amor, permanece en Dios, y Dios en él" (1 Juan 4:16)

"El que tiene mis mandamientos y los guarda, ese es el que me ama; y el que me ama, será amado por mi Padre, y yo le amaré y me manifestaré a él" (Juan 14:21)

En la mente Divina, el amor es la idea de la unidad universal. En su expresión, el amor es el poder que une y vincula en armonía Divina el universo y todo lo que hay en él.

Entre todas las facultades de la mente, el amor es fundamental. Su centro de mentalización en el cuerpo es el plexo solar. El representante físico del amor es el corazón, cuya función es regular la circulación de la sangre en el cuerpo. Del mismo modo que el corazón regula el flujo de vida en el cuerpo, el amor armoniza el pensamiento de la mente.

Hemos visto que los doce hijos de Jacob representan las doce facultades de la mente. Cuando Leví (amor) fue dado a luz por el alma humana (Lea), su madre dijo: "Ahora mi esposo se unirá más a mí". Unimos las fuerzas de nuestra alma con aquello en lo que centramos nuestro amor. Si amamos las cosas de los sentidos, o la materialidad, nos unimos o apegamos a ellas a través de una ley fija del Ser. En el orden Divino del ser, el alma, o parte pensante del individuo, está unida a su ego espiritual. Si se permite unirse a la conciencia sensorial o exterior, crea imágenes personales que son limitaciones. El Señor ordenó a Moisés que hiciera todas las cosas "según el diseño mostrado en el monte". Este "monte" es el lugar del alto entendimiento, o conciencia espiritual, cuyo centro de acción está en el vértice mismo del cerebro.

En la regeneración, nuestro amor experimenta una transformación que lo amplía, fortalece y profundiza. Ya no limitamos el amor a la familia, los amigos y las relaciones personales, sino que lo expandimos para que incluya todo. A primera vista, la negación de las relaciones humanas parece un repudio del grupo familiar, pero no es más que una limpieza de la mente de las limitadas ideas sobre el amor, cuando esta facultad se satisface únicamente por medio del parentesco humano. Si Dios es el Padre de todos, entonces hombres y mujeres son hermanos y hermanas en una familia universal, y quien ve espiritualmente, debería abrir su corazón y cultivar ese amor inclusivo que Dios ha dado como elemento unificador en la familia humana. En la medida en que nos separamos en familias, grupos y facciones religiosas, apartamos el amor de Dios. A menos que haya una negación específica a lo largo de cada línea de esclavitud del pensamiento humano, seguiremos estando bajo la ley de los sentidos. Todo el que desee llevar a cabo esta verdadera relación, debe hacer una afirmación directa de la unidad espiritual, basada en la obediencia. Jesús dijo:

"¿Quién es mi madre, y quiénes son mis hermanos? Y extendiendo su mano hacia sus discípulos, dijo: ¡Miren, aquí están mi madre y mis hermanos! Porque cualquiera que hace la voluntad de mi Padre que está en los cielos, ese es mi hermano y mi hermana y mi madre".

Entre los discípulos de Jesucristo, Juan representa el amor (él recostó su cabeza en el pecho del Maestro). Cuando se llama a este discípulo, el amor se aviva en la conciencia. El llamado de este discípulo consiste en traer a la conciencia una comprensión correcta del verdadero carácter del amor, también su ejercicio en todas las relaciones de la vida. Se debe practicar la meditación regular sobre la idea de amor en la Mente universal, con la oración: "Amor Divino, manifiéstate en mí". Luego debe haber períodos de concentración mental en el centro de amor en el plexo solar, cerca del corazón. No es necesario conocer la ubicación exacta de este conjunto de células de amor. Piensa en el amor con la atención puesta en el pecho, y se producirá una aceleración; todas las ideas que componen el amor se pondrán rápidamente en movimiento. Esto produce una corriente positiva de amor, la cual, cuando se envía con poder, romperá los pensamientos opuestos de odio, y los anulará. Estos pensamientos de odio se disolverán, no solo en la mente del pensador, sino también en las mentes de aquellos con quienes entra en contacto en mente o cuerpo. La corriente de amor no es una proyección de la voluntad; es la liberación de una fuerza natural, equilibradora y armonizadora que en la mayoría de las personas ha sido reprimida por las limitaciones humanas. La persona promedio no es consciente de que posee este enorme poder, que desviará cualquier flecha de odio que se dirija contra ella. Sabemos que "la respuesta suave quita la ira", pero esta es una facultad innata en el ser humano, existente en cada alma, y puede utilizarse en todo momento para lograr la armonía y la unidad entre quienes han estado distanciados por malentendidos, disputas y egoísmo.

Henry Drummond dice que el capítulo trece de la primera carta de Pablo a los Corintios, es el mejor poema de amor que jamás se haya escrito. En su libro, basado en este capítulo, "Amor, el Don Supremo", el profesor Drummond analiza el amor y describe sus diversas actividades. Lo citamos a continuación:

EL ESPECTRO DEL AMOR. El amor es una cosa compuesta, nos dice Pablo. Es como la luz. Del mismo modo que has visto a un científico tomar un rayo de luz y pasarlo a través de un prisma de cristal, y lo has visto salir por el otro lado del prisma dividido en los colores que lo componen: rojo, azul, amarillo, naranja y todos los colores del arcoíris, así Pablo pasa esta cosa, el amor, a través del magnífico prisma de su intelecto inspirado, y sale por el otro lado dividido en sus elementos. Y en estas pocas palabras tenemos lo que podríamos llamar el "Espectro del amor", el análisis del amor. ¿Quieres ver cuáles son sus elementos? Te darás cuenta de que tienen nombres comunes; que son virtudes de las que oímos hablar todos los días; que son cosas que pueden ser practicadas por cada persona en cada momento de la vida, y cómo, por una multitud de pequeñas cosas y virtudes cotidianas, se compone la cosa suprema. El espectro del amor tiene nueve ingredientes, que son: Paciencia: El amor aguanta mucho. Bondad: es bondadoso. Generosidad: El amor no tiene envidia. Humildad: El amor no se vanagloria, no es jactancioso. Cortesía: no se comporta inadecuadamente. Desinterés: no busca lo suyo. Buen Temperamento: no se irrita fácilmente. Sin Malicia: no piensa mal. Sinceridad: no se alegra de la injusticia, sino que se regocija en la verdad".

El profesor Drummond, en su discurso sobre este capítulo a los estudiantes del Sr. Moody, reunidos en Northfield, Massachusetts, dijo: "¿Cuántos de ustedes se reunirían conmigo para leer este capítulo una vez a la semana, durante los próximos tres meses? Un hombre hizo eso una vez y cambió toda su vida. ¿Lo harían ustedes? ¿Lo harían?"

El amor es más que simple afecto, y todas nuestras palabras declarando nuestro amor no tienen ningún valor a menos que tengamos esta corriente interna, que es verdadera sustancia. Aunque tengamos la elocuencia humana y la de los ángeles, si no tenemos este sentimiento más profundo, de nada nos sirve. Deberíamos negar el simple afecto convencional, superficial y fijar nuestra mente en la sustancia misma del amor.

La caridad no es amor. Puedes ser bondadoso y dar a los pobres y necesitados hasta empobrecerte y, sin embargo, no adquirir amor. Puedes ser un mártir de la causa de la Verdad y consumir tu vitalidad en buenas obras, pero estar lejos del amor. El amor es una fuerza que corre en la mente y en el cuerpo como el oro fundido en un horno. No se mezcla con los metales más bajos, no tiene afinidad con nada que no sea él mismo. El amor es paciente; nunca se cansa ni se desanima. El amor es siempre amable y gentil. No tiene envidia, los celos no tienen lugar en su mundo. El amor nunca se vanagloria con el orgullo humano y no presume de sí mismo. Es el amor el que hace el refinamiento del caballero o la dama por naturaleza, aunque desconozca las normas de cultura del mundo. El amor no busca su propio beneficio; viene a él sin buscarlo.

Jesucristo vino proclamando la relación espiritual de la familia humana. Su enseñanza fue siempre la mansedumbre, la no resistencia, el amor. "Pero yo les digo: amen a sus enemigos y oren por quienes los persiguen". Para hacer esto, uno debe establecerse en la conciencia del amor Divino, y requiere disciplina de la naturaleza mental para preservar un estándar tan alto. La ley Divina se funda en la unidad eterna de todas las cosas y, por lo tanto, "el amor es el cumplimiento de la ley". La ciencia física ha descubierto que todo puede reducirse a unos pocos elementos primordiales, y que si el universo se destruyera podría reconstruirse a partir de una sola célula. Así, esta ley de armonía, que tiene su origen en el amor, se establece en medio de cada individuo. "Pondré mi ley dentro de ellos, y sobre sus corazones la escribiré". Pero antes de que este principio interior fijo pueda salir a la superficie, es necesario abrir el camino teniendo fe en el poder del amor para realizar todo lo que Jesús reclamó para él.

"El amor al dinero es la raíz de todos los males". Esto dice que la raíz de todos los males es el amor al dinero, no el dinero en sí. El dinero es un medio práctico que evita muchas molestias en el intercambio de valores. Las civilizaciones primitivas tenían la incómoda costumbre de intercambiar productos sin un representante monetario, mientras que el progreso moderno utiliza cada vez más el dinero como medio de intercambio. Por tanto, el dinero es bueno para la persona sensata; pero cuando se deja enamorar de él y lo acapara, lo convierte en su dios. Borrar esta idea de la conciencia humana forma parte del trabajo del metafísico. Confiando en Dios, tenemos fe en él como nuestra fuente, y él se convierte en un suministro y apoyo espiritual perpetuo; pero cuando ponemos nuestra fe en el poder de las riquezas materiales, apartamos nuestra confianza de Dios y la establecemos en esta sustancia transitoria de herrumbre y corrupción. Este punto no es claramente comprendido por aquellos que están hipnotizados por la idea del dinero. Cuando el metafísico afirma que Dios es su opulento suministro y apoyo, y declara que tiene dinero en abundancia, la suposición es que ama el dinero y que depende de él, de la misma manera que los devotos de Mamón. La diferencia es que uno confía en la ley de Dios, mientras que el otro confía en los caminos de Mamón. Quien se entrega ciegamente al dinero adquiere amor por él y acaba convirtiéndose en su esclavo. El metafísico sabio trabaja con la idea del dinero y la domina.

Cuando Jesús dijo: "Yo he vencido al mundo", quiso decir que, mediante el uso de ciertas palabras, había disuelto todos los estados adversos de conciencia en la materialidad, el apetito y el egoísmo. Cristo es la Palabra, el Logos. Puesto que la palabra es la semilla mental de la que brota toda condición, se hace gran énfasis en el poder de la palabra, tanto en las Escrituras, como en las interpretaciones metafísicas de las Escrituras. La palabra es lo más duradero que existe. "El cielo y la tierra pasarán, pero mis palabras no pasarán". Todos los metafísicos reconocen que ciertas palabras, usadas persistentemente, moldean y transforman las condiciones de la mente, el cuerpo y los asuntos. La palabra amor vence el odio, la resistencia, la oposición, la obstinación, la ira, los celos y todos los estados de conciencia donde hay fricción mental o física. Las palabras forman células y estas células se ajustan unas a otras por medio de ideas asociadas. Cuando el amor Divino entra en el proceso del pensamiento, cada célula se equilibra en el espacio, en orden matemático en cuanto a peso y distancia relativa. La ley y el orden rigen en las moléculas del cuerpo con la exactitud que caracteriza su acción en los mundos de un sistema planetario.

El amor Divino y el amor humano no deben confundirse, porque uno es tan amplio como el universo y está siempre gobernado por leyes inmutables, mientras que el otro es voluble, egoísta y sin ley. Fue a este aspecto personal, del centro del amor en el individuo, al que Jesús se refirió cuando dijo: "Del corazón salen los malos pensamientos". Pero en la regeneración todo esto cambia; el corazón es purificado y se convierte en la norma de la relación correcta entre todas las personas. "En esto conocerán todos que son mis discípulos, si se aman unos a otros". No podemos entrar plenamente en la conciencia de Jesucristo mientras tengamos rencor hacia alguien. La mente está constituida de tal manera, que un solo pensamiento de carácter discordante tiñe toda la conciencia; por tanto, debemos desechar todo pensamiento opuesto y malvado antes de que podamos conocer el amor de Dios en su plenitud.

> "Por tanto, si traes tu ofrenda al altar y allí te acuerdas de que tu hermano tiene algo contra ti, deja allí tu ofrenda delante del altar y anda, reconcíliate primero con tu hermano, y entonces ven y presenta tu ofrenda".

El amor Divino en el corazón lo establece a uno en coraje e indomable valentía. "Dios no nos ha dado espíritu de cobardía, sino de poder, de amor y de dominio propio". Una mujer que entendía esta ley fue atacada por un vagabundo. Ella lo miró fijamente a los ojos y dijo: "Dios te ama". Él la soltó, y huyó. Otra mujer vio a un hombre golpeando a un caballo que no podía subir una carga por una colina. Silenciosamente, ella le dijo al hombre: "El amor de Dios llena tu corazón, y eres compasivo y bondadoso". Él soltó el caballo; el animal, agradecido, se dirigió directamente a la casa donde estaba la mujer y apoyó el hocico contra la ventana tras la que ella se encontraba. Una jovencita cantó en presencia de un endurecido criminal: "Jesús, amante de mi alma"; el corazón del hombre se ablandó y se reformó.

El nuevo cielo y la nueva tierra que se están estableciendo ahora entre todos los individuos y las naciones del mundo, se basan en el amor. Cuando las personas se comprenden, aumenta el amor. Esto es cierto, no solo entre las personas, sino también entre las personas y el mundo animal, e incluso el mundo vegetal. En el parque de Yellowstone, donde el gobierno ha ordenado la protección de los animales, los osos pardos llegan a las puertas de las casas y comen las migajas de la mesa, y los animales salvajes de todo tipo son mansos y amistosos.

"Morará el lobo con el cordero, y el leopardo se echará con el cabrito; el becerro, el león y el animal doméstico andarán juntos, y un niño los pastoreará… No harán mal ni dañarán en todo mi santo monte; porque la tierra será llena del conocimiento de Jehová, como las aguas cubren el mar".

"Amados, amémonos unos a otros, porque el amor es de Dios. Todo aquel que ama, es nacido de Dios y conoce a Dios. El que no ama no conoce a Dios, porque Dios es amor. En esto se manifestó el amor de Dios en nosotros: en que Dios ha enviado a su Hijo unigénito al mundo para que vivamos por medio de él. En esto consiste el amor: no en que nosotros hayamos amado a Dios, sino en que él nos amó a nosotros y envió a su Hijo como propiciación por nuestros pecados. Amados, si Dios así nos amó, también nosotros debemos amarnos unos a otros. A Dios nunca lo ha visto nadie. Si nos amamos unos a otros, Dios permanece en nosotros y su amor se perfecciona en nosotros. En esto sabemos que permanecemos en él, y él en nosotros: en que nos ha dado de su Espíritu. Y nosotros hemos visto y damos testimonio de que el Padre envió al Hijo para ser el Salvador del mundo. Todo aquel que confiesa que Jesús es el Hijo de Dios, Dios permanece en él y él en Dios. Y nosotros hemos llegado a conocer y hemos creído el amor que Dios tiene para nosotros. Dios es amor, y el que permanece en amor permanece en Dios y Dios permanece en él. En esto se perfecciona el amor en nosotros, para que tengamos confianza en el día del juicio, pues como él es, así somos también nosotros en este mundo. En el amor no hay temor, sino que el perfecto amor echa fuera el temor; porque el temor lleva en sí castigo. De donde el que teme, no ha sido perfeccionado en el amor. Nosotros lo amamos a él, porque él nos amó primero. Si alguien dice: yo amo a Dios, pero aborrece a su hermano, es un mentiroso. Porque el que no ama a su hermano, a quien ha visto, ¿cómo puede amar a Dios a quien no ha visto? Y este mandamiento tenemos de Él: que el que ama a Dios, ame también a su hermano"

(1 Juan 4:7-21)

EL AMOR DEMOSTRADO

(Para ser utilizado en conexión con la lección 12)

Dios es amor; y el que permanece en amor, permanece en Dios. (1 Juan 4:16)

Yo habito conscientemente en la presencia del Amor Infinito.

Dios es amor y todo el que ama, es nacido de Dios y conoce a Dios.

Yo he nacido del amor.

El amor es el cumplimiento de la ley.
Yo amo a todos y a todo.

La fe obra por el amor.

Yo tengo fe en el poder supremo del amor.

Dios no nos ha dado espíritu de cobardía, sino de poder, de amor y de dominio propio. (2 Timoteo 1:7)

Yo soy valiente, poderoso y sabio en el amor de Dios.

Mira cuán gran amor nos ha otorgado el Padre, para que seamos llamados hijos de Dios. (1 Juan 3:1)

Amo al Señor mi Dios, con todo mi corazón, con toda mi mente, con toda mi alma, y con todas mis fuerzas.

Y ahora permanecen la fe, la esperanza y el amor, estos tres; pero el mayor de ellos es el amor. (1 Corintios 13:13)

~ANEXO~

TRATAMIENTO ESPIRITUAL

TRATAMIENTO ESPIRITUAL DE SEIS DÍAS

Se ha descubierto que la mente establece la conciencia permanente a través de seis pasos o grados, llamados en Génesis "días".

Primero, la mente percibe y afirma que la verdad es un Principio Universal. Segundo, nace a la conciencia la fe en el poder operativo de la verdad. Tercero, la verdad toma forma definida en la mente. Cuarto, la voluntad lleva la verdad a los actos. Quinto, se agudiza el discernimiento y se percibe la diferencia entre la verdad y el error. Sexto, cada pensamiento y palabra se expresa en armonía con la verdad. El séptimo día es una tranquila confianza y descanso en el cumplimiento de la ley Divina.

Mediante el uso de estas negaciones y afirmaciones durante una semana, se establece en la mente una base de pensamiento nueva y más ordenada, y todo el individuo se armoniza y vitaliza. Este proceso a menudo sana los casos obstinados, y el curso de seis días es recomendado en conjunto con los tratamientos especiales.

Realiza tus "negaciones" como si estuvieras barriendo suavemente las telarañas; y tus "afirmaciones" con una mente fuerte, audaz, firme y positiva.

El tratamiento de cada día, y todo el curso si es necesario, debe repetirse una y otra vez hasta que manifieste su presencia viva y su potencia en la conciencia.

Si deseas ayudar a otra persona que no quiere intentarlo, o que no puede por sí misma llevar con éxito su mente a relaciones armoniosas con este Principio, piensa en ella cuando tengas el pensamiento diario, y el Espíritu hará que tu palabra se manifieste tanto en ti como en tu paciente.

INVOCACIÓN

(Precede al tratamiento de cada día)

Yo reconozco tu presencia y tu poder, oh Espíritu bendito; y en tu Divina sabiduría borra ahora mis limitaciones mortales, y de tu pura sustancia de amor, trae a la manifestación mi mundo, de acuerdo con tu ley perfecta.

LUNES

[Negación]

Yo ya no soy necio ni ignorante, y la necedad y la ignorancia de los ancestros ya no pueden recaer sobre mí.

Yo estoy libre de la necedad y la ignorancia de la raza, y de aquellos con quienes me relaciono.

La necedad y la ignorancia que pueden haber sido atesoradas por mi propio entendimiento, ahora son borradas.

[Afirmación]

Yo soy sabio con la sabiduría de la Mente Infinita, y tengo conocimiento de todas las cosas.

Yo sé que soy inteligencia pura, y por ello reclamo mi derecho divino a la luz, la vida y la libertad, en toda bondad, sabiduría, amor y pureza.

Que aparezca la luz de la sabiduría y se desvanezca la ignorancia del pensamiento humano.

MARTES

[Negación]

Yo niego la creencia de que he heredado enfermedad, dolencias, ignorancia o cualquier tipo de limitación mental.

Yo niego toda creencia en el mal, porque Dios hizo todo lo que realmente existe, y lo pronunció como bueno. Por lo tanto, ningún engaño como la creencia en el mal puede oscurecer mi claro entendimiento de la verdad.

Aquellos con quienes me relaciono ya no pueden engañarme con sus palabras de preocupación y lástima. Ya no me engaño a mí mismo con tal debilidad. Desaparecen de mi mundo estas tontas creencias de oscura ignorancia. Ahora estoy libre de todas ellas, y con mi poderosa palabra las destruyo por completo.

[Afirmación]

La vida de Dios es mi vida, y vibro con armonía y plenitud.

Yo soy libre con el conocimiento de que todo es bueno; por lo tanto, soy perfectamente bueno y completo.

MIÉRCOLES

[Negación]

Yo niego la creencia de que soy un hijo de la carne y que debo sufrir los pecados de mis antepasados "hasta la tercera y cuarta generación". Desaparezcan todas esas afirmaciones ignorantes.

Yo niego haber heredado de mis antepasados pasiones lujuriosas y apetitos sensuales.

Yo niego la creencia de que la raza puede reflejar en mí pasiones lujuriosas y apetitos sensuales.

Yo niego la creencia de que aquellos con quienes me relaciono puedan reflejar en mí pasiones lujuriosas o apetitos sensuales.

Yo niego mi propia ignorante creencia en tales ideas erróneas.

[Afirmación]

Dios es Espíritu y Yo, la imagen Divina, soy Espíritu.

Dios es demasiado puro para contemplar la iniquidad, y Yo Soy, por lo tanto, un Ser puro, sin un matiz de lujuria o pasión.

Yo he nacido de Dios.

JUEVES

[Negación]

Yo niego que los pecados y omisiones de mis antepasados puedan reflejarse en mí de alguna manera.

El egoísmo, la envidia, la malicia, los celos, el orgullo, la avaricia, la arrogancia, la crueldad, la hipocresía, la obstinación y la venganza no forman parte de mi presente entendimiento, y niego todas esas creencias en la raza, en aquellos con quienes me relaciono y en mi propia mente.

[Afirmación]

Yo estoy en paz con toda la humanidad.

Amo verdadera y desinteresadamente a todas las personas.

Ahora reconozco la ley perfecta de la justicia y la igualdad.

Yo sé que "Dios no hace acepción de personas" y que cada hombre y mujer es mi igual a la vista del Padre.

Yo amo a mi prójimo como a mí mismo, y haré a los demás lo que quisiera que me hicieran a mí.

VIERNES

[Negación]

Yo niego haber heredado las consecuencias del miedo de mis antepasados, o que la raza puede reflejar sus miedos sobre mí.

Los temores de aquellos con quienes me relaciono ya no pueden retenerme en la enfermedad o la necesidad, y mi propio entendimiento ahora está completamente libre de estas ilusiones.

En mi valiente mundo no hay ni puede haber temor alguno.

[Afirmación]

Yo soy valiente y audaz con el conocimiento de que soy Espíritu y, por lo tanto, no estoy sujeto a ningún poder opuesto.

La abundancia y la prosperidad son mías por herencia de Dios, y ahora, por mi palabra firme y persistente, las traigo a la manifestación.

SÁBADO

[Negación]

Yo niego haber heredado alguna creencia que de algún modo me limite en salud, virtud, inteligencia o poder para hacer el bien.

Aquellos con quienes me relaciono, ya no pueden hacerme creer que soy un "pobre gusano del polvo". La creencia racial de que "la naturaleza domina al ser humano" ya no me tiene esclavizado, y ahora soy libre de toda creencia que pueda interferir de alguna manera con mi perfecta expresión de salud, riqueza, paz, prosperidad y perfecta satisfacción en todos los aspectos de la vida.

Yo ahora, a la vista y presencia de Dios Todopoderoso, anulo y destruyo por mi palabra todopoderosa, toda suposición necia e ignorante que pueda impedir mi marcha hacia la perfección. Mi palabra es la medida de mi poder. Yo he hablado y así será.

[Afirmación]

Yo Soy ilimitado en mi poder, y tengo cada vez más salud, fuerza, vida, amor, sabiduría, valor, libertad, caridad y mansedumbre, ahora y siempre.

Yo ahora estoy en armonía con el Padre y soy más fuerte que cualquier ley mortal.

Yo conozco mi herencia en el Ser puro y resueltamente afirmo mi perfecta libertad. En este conocimiento yo soy firme, puro, pacífico y feliz.

Yo soy digno y determinado, pero también dócil y humilde, en todo lo que pienso y hago.

Yo soy uno con la vida vigorosa, la sabiduría y la comprensión espiritual, y ahora las manifiesto plenamente.

Yo soy uno con el amor, la caridad, la justicia, la bondad y la generosidad, y ahora los manifiesto plenamente.

Yo soy uno con la bondad y la misericordia infinita y ahora las manifiesto plenamente.

La paz fluye como un río a través de mi mente, y te doy gracias, oh Dios, porque soy uno contigo.

DOMINGO

"Quédate quieto y sabrás que Yo Soy Dios".

www.ingramcontent.com/pod-product-compliance
Lightning Source LLC
LaVergne TN
LVHW011352080426
835511LV00005B/257